How to Write and Illustrate a Scientific Paper

科技论文

Björn Gustavii ◆ 著
任　锦 ◆ 译

中国科学技术大学出版社

安徽省版权局著作权合同登记号:第 12131261 号

HOW TO WRITE AND ILLUSTRATE A SCIENTIFIC PAPER, First Edition was originally published in English in 2008. This translation is published by arrangement with Cambridge University Press.
All rights reserved.
© Cambridge University Press & University of Science and Technology of China Press 2013
This book is in copyright. No reproduction of any part may take place without the written permission of Cambridge University Press and University of Science and Technology of China Press.
This edition is for sale in the People's Republic of China (excluding Hong Kong SAR, Macau SAR and Taiwan Province) only.
此版本仅限在中华人民共和国境内(不包括香港、澳门特别行政区及台湾地区)销售.

图书在版编目(CIP)数据

如何写科技论文/(瑞典)古斯塔维著;任锦译. —合肥:中国科学技术大学出版社,2013.6
ISBN 978-7-312-03208-0

Ⅰ.如… Ⅱ.①古… ②任… Ⅲ.科学技术—论文—写作 Ⅳ.H152.3

中国版本图书馆 CIP 数据核字(2013)第 104812 号

出版	中国科学技术大学出版社 安徽省合肥市金寨路 96 号,230026 http://www.press.ustc.edu.cn
印刷	合肥现代印务有限公司
发行	中国科学技术大学出版社
经销	全国新华书店
开本	710 mm×960 mm 1/16
印张	11.5
字数	149 千
版次	2013 年 6 月第 1 版
印次	2013 年 6 月第 1 次印刷
定价	28.00 元

第二版序

　　无论是第一次写作的作者还是较有经验的作者,通过阅读《如何写科技论文》第二版都可以更有效地阐述他们在生物和医药领域的研究成果。在保持了前一版通俗易懂和结构清晰的特点之外,本版还增加了博士毕业论文写作和案例报告的具体表述以及详尽建议等内容。对于插图、特定的图表,本书将修改好的图表与原图表作了对比并进行了细致的讨论。本书给读者提供了关于如何撰写文章、将文章投向哪里以及如何投稿、最终如何修改校样的建议。本书利用从实际期刊论文中节选的好的和坏的案例来阐明作者的建议——这些实用且内容丰富的指导是从他丰富的教学经验中总结出来的。

  BJÖRN GUSTAVII 具有 25 年给医学博士生教授科技写作课的教学经验。他将自己的亲身经历融入到了这本书中,这些经验不但来自于他自己一百多篇研究论文写作的经历,也来自于他作为期刊编辑的经历。

前言

亲爱的入门作者：

当我和你一样在准备第一篇文章时，我参考了一本教授如何写作的书。我发现其中有一句鼓励读者"在沸水中站立一个小时后再做分析"的话：

After standing in boiling water for an hour, examine the contents of the flask.

当时我很清楚这句话是怎么错的，但我那时不知道如何修改它，作者也没有告诉我如何做。现在我会修改它了，如果一个小时后你还活着的话：

Place the flask in boiling water

for an hour, then examine its contents.

所以在这本书中,每一个不幸的例子都有改进的版本。我给出的好例子都有相应的参考书目;而不好的例子,其引文出处都被删去了。

有一些例子是从正在准备的手稿中截取的,或者是参加我的科技写作课程的学生们提出来的。自 1980 年以来,我一直在给医学博士生上这门课程。其他的例子是来自投稿稿件。它们是在 1986 年至 1994 年间,我作为《斯堪的纳维亚妇科与产科学报》(*Acta Obstetricia et Gynecologica Scandinavia*)的编辑时收集的。还有一些是从已出版的文章中节选出来的。

从课堂讨论中,我了解到了学生们想知道什么。基于这些信息,某些章节比其他的章节更加详细,例如怎样准备插图。

当前的版本中包含了一个新添加的、全面的章节,即关于博士(Ph.D.)论文写作的部分。许多其他的修改也出现在这个版本中,例如关于画插图的说明以及如何准备案例报告的描述。

最后,请不要完全接受我的建议,因为关于如何写论文是没有终极真理的——就如同我年轻时误认为有终极真理那样。

祝你好运,我的朋友。

Björn Gustavii

致谢

我感谢以下人士,他们阅读了全部或部分第二版的手稿,并给出了意见和批评。

Per Bergsjø,Norway

Carol Brimley-Norris,Finland

Joy Burrough-Boenisch,UK

Johan Ljungqvist,Sweden

Helen Sheppard,Sweden

Ray Williams,UK

Pål Wölner-Hanssen,Sweden

我特别感谢 Tomas Söderblom,作为一个外行人,他阅读了手稿并帮助我判断本书的可读性;Richard Fisher 纠正了写作语言;Eva Dagnegård 重画了插图并准备了电子手稿。

目录

第二版序 …………………………………（ⅰ）
前言 ………………………………………（ⅲ）
致谢 ………………………………………（ⅴ）
第一章　写作的基本规则 ………………（1）
第二章　科学语言的评价 ………………（3）
第三章　准备手稿 ………………………（16）
第四章　选择期刊 ………………………（19）
第五章　准备插图 ………………………（21）
第六章　绘图 ……………………………（39）
第七章　图题 ……………………………（41）
第八章　如何设计表格 …………………（43）
第九章　标题 ……………………………（49）
第十章　作者 ……………………………（55）

第十一章	摘要	（59）
第十二章	引言	（62）
第十三章	方法	（65）
第十四章	实验结果	（71）
第十五章	讨论部分	（77）
第十六章	致谢部分	（82）
第十七章	参考文献	（84）
第十八章	哲学博士以及其他博士论文	（94）
第十九章	信件和病例报告	（105）
第二十章	数字	（109）
第二十一章	缩写	（115）
第二十二章	如何展示统计结果	（118）
第二十三章	输入	（124）
第二十四章	与编辑和审稿人打交道	（136）
第二十五章	修改校样	（141）
第二十六章	作者的责任	（146）
需要在你桌子上摆放的参考书		（154）
拓展阅读		（156）
参考文献		（160）

第一章 写作的基本规则

一次温斯顿·丘吉尔(Winston Churchill)的秘书进入他的房间,丘吉尔正坐在书桌边撰写他的二战回忆录。丘吉尔正写到"闪电战——德国空袭伦敦"这一章节,为此,他的参谋人员已准备了一份150页的关于这次突袭的材料。秘书被要求将这份材料缩减到两页半。经过一番努力,他终于可以充满自信地将浓缩后的材料交给丘吉尔。

然而丘吉尔拿出红笔在稿子上做了大刀阔斧的修改。事隔50年后(Bennet,1992),这位秘书回忆写到:"我的长篇大论都被裁剪,而那些没用的形容词都被删除了。"为了表达礼貌,丘吉尔说:"希望你不要介意。"秘书答到:"谢谢您,您给我上了一堂免费的写作课。"

简　　洁

我们应该像丘吉尔那样,将每一个不必要的词汇删掉。专业的写作人员往往也会这么做。简洁是写作的基本原则，它不单是为了节省版面，更是因为冗长的写作会掩盖作者的真实意思，浪费读者的时间。

逻辑和清晰

逻辑和清晰是传达信息的要点。你要组织好表达的内容，这样读者才能按照你的论述逐步获取信息。同时你的语句应该清晰易懂，"这样读者会忘记是在阅读，而认为自己是在吸取知识"（Baker，1955）。

当然，作为写作开始的第一步，首先要做到稿件外表精美。它的重要性可以在下面的例子中看出。

打字清晰

保罗·佛伯格（Paul Fogelberg）是一个芬兰科技期刊的编辑，他曾是科技写作课的教师。一天晚上，他发现在处理的一篇稿子中，只有一半的字母"a"能够看清楚。这个问题在稿子中反复地出现，最终使得他认为这是针对他本人的恶意行为。

12年后当我再次跟他提起那个模糊的字母"a"时，我以为他不会再记住这件事。然而他立即回答到："那不是模糊。它根本就不干净！"

打字机上一个模糊的字母，或者电子文档中的一个小错误真的很重要吗？是！因为编辑往往认为粗糙的稿件与低水平的科研工作直接相关。所以千万记住第一条：确认你的稿子经过了认真的准备。这样才能给编辑和审稿人留下好印象。

第二章 科学语言的评价

1999 年 MEDLINE 的研究显示,其数据库索引(*Index Medicus*,《医学索引》)的文章中约有 90% 是用英语写作发表的,而 1966 年该比例为 53%*。看来情况确实如俚语所说:"要么用英语发表,要么就被淘汰。"然而这将意味着很多作者(例如我本人)不能用母语来写作。这里来讲讲我自己使用英语写作的往事。

英语作为一门外语

我的第一篇英语文章是先用瑞典语写好,然后请一位专业翻译将它译成英语的。当我看到翻译稿时心想"太棒了",但是我的导师读后却摇头说:"你要试着用英语直接写!""上帝呀!"想到我的英语

---

* MEDLINE 创建于 1966 年。

成绩那么差,我对自己说,"这个我永远也做不到。"

但我最终还是决定去试一试,并且找了一些参考书。参考书建议我读一些优秀的英语作品,例如吉本(Gibbon)的《罗马帝国衰亡史》(*Decline and Fall of the Roman Empire*),于是我买了这套书(三册,共3616页!)。遗憾的是,我找不出时间来看,当然我也没有兴趣看。

相反,我订阅了美国的《新闻周刊》(*Newsweek*)和《时代周刊》(*Time*)。它们经常报道同一个主题,因此读者能够学习针对同一事件的两种不同描述方法。这对我很有启发。

另外一个方法也使我受益匪浅。每当要写新的文章时,我就会读一些高水平的英语论文,将有用的单词和词组给予标记,然后按章节将它们罗列出来(例如:引言、实验方法等)。但是我注意到自己很少会看这个列表。相反,在罗列的过程中我就已经把它们记住了。

我在投稿之前一定会请语言专家看一下我的文章。在理想情况下,这些帮助做语言修改的人应该具备以下几个条件:(1) 他的母语是英语,同时他生活在你的国家,能说你本国的语言;(2) 他每年至少一次回到自己的国家去更新英语;(3) 具有学术写作的知识。能够满足所有这些条件的人很少,因此很多作者必须依靠系里或实验室里说英语的人。毕竟这些人熟悉你的研究领域,所以这也是个不错的选择。即便如此,你必须知道:母语是英语的研究人员不一定能写好英语——就如同不是所有的瑞典人都能够写好瑞典语论文那样。

回到我先前那篇从瑞典语翻译成英语的文章。30年后我再阅读它的时候,我发现它虽然风格优雅,但并没能准确地表达我想说的意思。相反,即使是笨拙的写作有时都能更加有效地传达信息。

为什么生物医药方面的论文经常让读者感觉不知所云?也许《柳叶刀》(*The Lancet*)的编辑能给出答案。《柳叶刀》(1995)称科技论文的作者往往更乐意去取悦编辑,而不是思考如何向读者传递信息。由于害怕文章被拒稿,作者通常不敢背离传统的写作风格。

另一个初学者常犯的错误是强迫要求论文"完整"。查理·卓别林(Charlie Chaplin)对此有他的见解。

突出"主旋律"

电影《未知的卓别林》(Brownlow and Gill, 1983)展示了卓别林电影中未曾使用的片断。有些片断比最终在电影中使用的那些还要幽默。为什么这些片断被剪掉了？卓别林在他的自传(Chaplin, 1973)中给出了答案："如果一个插科打诨干扰了事件的逻辑，无论它多么有趣我都不会使用。"建议你采取卓别林的做法，克服将所有结果都写进论文的冲动。换句话说，不要被那些背离主题的实验结果所干扰——无论它们看上去多么有趣（你可以将它们写在其他地方，或者它们会成为你未来研究中有待测试的假设）。即便是你认为这些信息必须提及，你也可以将它作为插入语放到括号中——正如我前面那个句子那样。

研究人员往往没有时间。我有一次听一个科学家说，他只有在开车去工作的时候才有时间看文章！这是保持文章简短的原因之一；另一个原因是多余的话反而使得意思含糊。

赘言

下面这段话摘自凯斯林(Kesling, 1958)，53个词中有36个可以省略掉。

Our research, designed to test the fatal effects of PGF2α on dogs, was carried out by intravenously introducing the drug. In the experiments, a relatively small quantity, 30 mg, was administered to each animal.

In each case, PGF2α proved fatal; all 10 dogs expiring before a lapse of five minutes after the injection.

17个词就足够了：

Intravenous injection of 30 mg prostaglandin PGF2α to each of ten dogs killed them within five minutes.

"删除不必要的话！"这是斯特伦克(Strunk)和怀特(White)的《风格的要素》(*The Element of Style*)(2000)一书中的第17条原则。在第3版的简介中,斯特伦克的学生E·B·怀特说,在英语课上他的老师删掉了太多没用的句子,以至于在课程的结尾他为了避免无话可说就使用了个简单的伎俩：他将每一句话重复说三遍："删除不必要的话！删除不必要的话！删除不必要的话！"

但是也不要做得太过分。下面电报式的语句摘自《避孕》(*Contraception*)期刊。对于非专业人士就如同谜语一般了：

Young mature Sprague Dawley rats (200 g) (Charles River Italia) were [used].

"young"和"mature"是什么意思？"Sprague Dawley"和"Charles River Italia"代表什么？是不是所有的老鼠重量都是200 g？对于一般的读者,以下句子更易理解：

The rats used in this experiment were obtained from Charles River Breeding Laboratories and were derived from the Sprague Dawley strain. The animals were sexually mature, 100 days old, and weighed 190 to 215 g.

He/she（他/她）

多数作者不再使用男性代词(he, his, him)来同时表示男性和女性。这是否意味着现代英语更加重视性别差异？事实并非如此。相反,我们可以采用 he/she 或者 s/he 这样的结构。然而这种表示不但没有解决问题,反而更加强调了性别差异。下面是一个文稿中的例子:

Each patient was interviewed at the out-patient unit that s/he belonged to.

如何避免这样的结构?最简单的方法是使用复数形式:

All *patients* were interviewed at the out-patient unit *they* belonged to.

在特殊的情况下不能用复数时,可以改写句子或者删掉代名词。例如在下面的句子里可以删掉代词 their。

I submitted the manuscript to the editor for their consideration.

只有当所有的尝试都失败后,可以使用不那么别扭的 he or she 的形式。最后我再说一个希拉·麦克纳布(Sheila McNab,1993)的故事。

In a serious road accident a father was killed and his son seriously injured. When the boy was later brought into the hospital operating theatre, the surgeon blanched and exclaimed, "I can't operate on this boy, he is my son!"

如果你不能马上意识到这个医生是男孩的母亲,你就会感到有些困惑。当我用这个故事测试我的研究生时,一个男生最后断定:死者是孩子的继父!

主动或被动语态

以前科技写作的传统是使用被动语态。使用第一人称代词(I 或者 we)被视为自命不凡,甚至缺乏礼貌。现在不再这样了。今天的科学家们敢于像沃森(Watson)和克里克(Crick)在 1953 年发表关于

DNA结构的文章中的经典开场白那样说we：

> We wish to suggest …

如此更直接、更易读而且比被动语态更短：

> In this letter a suggestion is made …

以下是另一个来自《新科学家》(*New Scientist*)(1993)的例句。它的前任编辑伯纳德·迪克森(Bernard Dixon)在投来的稿件中发现下面的句子：

> The mode of action of anti-lymphocytic serum has not yet been determined by research workers in this country or abroad.

迪克森将它替换成：

> We don't know how anti-lymphocytic serum works.

迪克森回忆到："他很快就给我打来电话抱怨编辑的干涉。[…]像《新科学家》这样的著名杂志怎能以这么傲慢的态度更改作者的本意？但是我回答道，我们并没有改变他的意思。我们只是用一个可读性更强、更直接的句子，而且缩减到原句的三分之一。"

尽管如此，在实验方法和结果部分使用被动语态通常更有效。这些地方需要强调如何操作，而非描写执行操作究竟是何人。因此主动语态：

> I stopped cell growth with colchicine.

并不比被动语态有优势：

> Cell growth was stopped with colchicine.

这是因为大家并不在乎是谁执行了这一操作。再者，如果有很多作者时，下句中的we：

> We stopped cell growth with colchicine.

就可能近乎荒唐——除非每个作者都做了这个实验！因此主动和被动语态都会在科技写作中被用到。

时 态

通常只有两种时态会在科技写作中用到：现在时和过去时（Day，1995；Day and Gastel，2006）。现在时用于公认的知识（包括你自己发表的研究成果），过去时用于你最近报道的研究结果。

多数文章的摘要部分描述你目前的工作，因此用过去时。而大多数引言部分强调过去已经建立的知识，因此用现在时。这里是一个例子（Dembiec et al.，2004）：

INTRODUCTION

Tigers are often transported [but] the effect of transfer on them has not yet been documented [2]. …

实验方法和结果部分描述的是你做了什么和发现了什么，因此需要使用过去时：

METHODS

We simulated transport by relocating five tigers in a small individual transfer cage. …

RESULTS

Average respiration rate of all tigers increased. …

最后，在讨论部分你将公认的知识与你的发现进行对比，你通常在现在时和过去时之间转换——甚至在同一个句子中进行转换。

名词词组和修饰语

在《今日美国》（USA Today，1992 年 10 月 13 日）上我看到了这个句子：

Pig liver transplant woman dies

作为报纸的标题这句话可以被接受。这句话可以被读懂而且意思明确。狭小的报纸版面也需要这样写。但是在科技论文中,这样的句子看上去就很可笑。以下是这句话的展开写法:

The woman with a transplanted pig liver has died

下面的短语摘自《避孕》期刊,本领域的专家也许可以理解其中的意思:

Rabbit anti-mouse spleen cell serum …

但是不在这个领域工作的研究人员也许会纳闷,脾脏是属于哪个动物的。如果作者这样写就会避免给读者带来麻烦:

Anti-mouse serum of rabbits immunized with cells of mouse spleen …

当然,只要你的意思非常清晰,而且读者阅读时能够抓住句子的主干,那么将一串名词和修饰语放在一起是可以被接受的。例如下面这个例子(Mehrotra *et al*., 1973):

Colony bred female albino rats …

还有下面这个副标题(Gardiner *et al*., 1980):

Anaesthetized spontaneously breathing guinea pig

患病率和发病率

在生物医药报告中,患病率和发病率这两个词被误用的频率最高。患病率是指某一特定时间内一种疾病的病例总数。发病率是指某一特定时间内新增病例的数目。下面的例子摘自《新闻周刊》(Begley,1996),患病率是200 000,而发病率是12 000。

Each year as many as 12 000 Americans join the more than 200 000 who already live with paralyzing spinal-cord injuries.

避免使用"respectively"

respectively 会使读者停下来再重新读一下句子,如下面稿件中的例子:

Phytate reduction in wheat, rye, barley with and without hulls incubated with 40 g water/100 g cereal for 24 hours at 55 ℃ was 45, 56, 48 and 77%, respectively.

修改后的句子可以使读者更快地读下去(修改部分见粗斜字体):

After incubation with 40 g water/100 g cereal for 24 hours at 55 ℃, *phytate reduction in wheat was 45%; in rye, 56%; in barley with hulls, 48%; and in barley without hulls, 77%.*

and/or 结构

and/or 的表达方式会破坏文章的行文流畅,如下面的例子:

The effect of intravenous streptokinase and/or oral aspirin …

如果句子改成下面这样,读者读起来就会容易些:

The effect of intravenous streptokinase, oral aspirin, or both …

细心看文章会经常发现 and/or 可以被 and 替代(*The ACS Style Guide*, 1977):

Our goal was to confirm the presence of the alkaloid in the leaves and/or roots.

或者被 or 取代(de Looze, 2002):

Confidential information can only be given to the patients and/or close relatives.

因此,不要在科技写作中使用 and/or 结构。

不必要的模糊限制语

"也许"这个词不能多次使用。两个或更多的模糊限制语可以削弱句子的力量。漫画(图 2.1)中的作者最后将七个模糊限制语("seems","not inconceivable","suggest","may","indicate","possible","probably")用一个"think"来代替。因此,使用一个模糊限制语就够了。

图 2.1　图中的作者在刻字前思考了两遍[在得到马耶夫斯基(Majewski,1994)的授权下重绘]

多大是年轻？

思考一下这个文章标题：

Herniography in younger women with unclear groin pain

这篇文章的摘要部分指出是40岁以下的女性。从我这个年纪的角度看，这些妇女是年轻的。但是很多读者可能会希望对这些人的年纪有更确切的定义。如下面的例子(Sundby and Schei，1996)：

Infertility and subfertility in Norwegian women aged 40－42. Prevalence and risk factors.

在其他情况下年龄范围可以定义为特定术语，如这个标题(Gold et al.，1996)：

Effects of cigarette smoking on lung function in adolescent boys and girls

当条件允许时建议你使用特定的术语来报道患者的年龄。这里是2007年1月MEDLINE推荐的年龄组：

all infants	出生～23个月
all children	0～18岁
all adults	大于19岁
newborn	出生～1个月
infant	2～23个月
preschool child	2～5岁
child	6～12岁
adolescent	13～18岁
adult	19～44岁

	续表
middle aged	45～64 岁
middle aged + aged	大于 45 岁
aged	大于 65 岁
80 and over	大于 80 岁

不要问我为什么"adult"类别将 18 岁的人排除在外。注意 young 没有列进去——它是无法定义的。

低于成人年纪的人可以用 boys 和 girls。对于成人正确的用法是 men 和 women。

避免使用同义词来达到优雅的效果

在一个手稿中我发现了这个例子(粗斜体的字是我加的):

C_{max}: maximum plasma *concentration* achieved.

T_{max}: time at which the maximum plasma *level* was achieved.

就算"plasma concentration"和"plasma level"在这里是同义词,两者同时出现在一篇文章中也会使读者感到迷惑。选择一种表示方法并坚持使用它。科技写作不是文学创作。

远 程 动 词

一个最常见的科技写作错误是使用"远程动词"。下面这个句子摘自一篇毕业论文,其中的动词(were invited)和它修饰的宾语(children)之间相隔 37 个词和数字:

All children (n = 99, 54 boys and 45 girls) born

between 1990 and 1995，adopted during 1993－1997 from Poland，Romania，Russia，Estonia，and Latvia through authorized adoption agencies in Sweden and living in the region of Västra Götaland，were invited to participate in the study.

在句子开头使用第一人称、主动语态，然后加上原句中的最后五个词，如此改写可以避免这样长的间隔：

We invited to participate in the study all children …

第三章　准备手稿

任何作者的写作方式都是不同的,没有哪一种写作方式一定适合你,只有靠你自己摸索出来的才奏效。尽管如此,下面的写作方式是我个人感觉最佳的——因为这是我从失败中总结出的方法。希望你能从中发现一些有启发的地方并予以采纳。

这个写作方法的核心就是在研究过程中不断收集写作想法。

一旦有想法就记录下来

当研究还在进行时,一旦你有了想法就要及时记下来。这些记录可以整理起来,比如用塑料的活页夹,用一个夹页存放一个章节。电影导演伍迪·艾伦(Woody Allen)曾经也用同样的方法:他在纸条上记录有关他未来电影的一些想法,并将这些纸条放在一个抽屉里。

想法可能在任何地点冒出来,例如在床上、在浴室、在街上、在公共汽车上或在火车上。所以你需要将笔记本随时带在身边,无论在何处总能及时记录。用一张纸记下一个主意,即使这个主意只有一行字或者一个短语。最终将所有的想法对应文章的各个部分整理起来。

何时何地写作?

作为一个初学者,我犯过一个大错误,我请了两星期的假,然后在星期一早上坐下来试图将稿子从头到尾不间断地写出来。这样做是行不通的。专业的作家不会这么做。他们从经验中知道每天只有几小时可以用来做创造性的工作。他们也知道连贯工作的重要性,需要没有电话打扰、没有客人来访。例如创作瑞典人移居美国伟大史诗的作者威尔姆·莫伯格(Vilhelm Moberg)有一次在加利福尼亚写作,他发现只有一个地方可以不被打扰——就是家里的阁楼。在那里没有人能找到他,这是因为他把身后的梯子给收起来了。

当然写史诗和写科技文章不同,有明确定义的科技文章可以将文字分割成不同的部分。较短的章节,例如摘要和引言,可以分别写成独立的小节。而较长的章节,例如结果和讨论,可以分割成更小的部分,每一部分写在一个小节里。

如何实际操作

假设你这次打算写引言。你有三个小时可以支配。开始动笔之前你需要先阅读并修改一下你之前已写下的内容。然后你需要阅读你收集的关于引言部分的笔记。假定你写完这个部分只用了三小时中的两个小时。即使这样,你需要停止写作——因为这会给你一种成就感。在结束一天的工作之前,你可以阅读一下你收集的关于下一部分的笔记,并用简短甚至不完整的句子草拟出主题。

就算你还有20分钟可以使用并且你依旧充满活力和创造力，也不要写作下一个部分。如果你这样做了，你会留下未完成的工作并会感到不满意。欧内斯特·海明威（Ernest Hemingway）曾经说过："永远在兴奋的时候停下来。"如果你总是在一个部分完成时就暂停下来，那么你正是按照海明威说的那样去做了。

担负临床工作的医学研究人员很少有多达3个小时的不间断时间。但是如果你调整好相应的工作，这个写作过程可以用短一点的时间（1~2个小时）。这个写作方案的最大优势是你不用每天都写。

其他的办法

你不必从摘要或引言开始写。你可以从最简单的章节开始，这个章节可以是方法或结果部分。这个写作方法给人以心理上的优势。从你最熟悉的内容（方法或结果部分）开始，文章的三分之一就被快速地写完了，而你会渴望写下更多。余下的部分你可以按照你感觉最简单的顺序来写。

手写还是文字处理？

手写也许适合第一稿的书写，但是对于**修改稿件文字处理无疑是最简便的方法**。如果你需要对一个章节进行大的修改，你不妨将原始版本复制并保存下来——这样一旦你改变了主意，你可能还需要它。

第四章 选择期刊

在那些你经常阅读的期刊中寻找,你会为你的论文找到合适的期刊。因为那里有你的读者群。

如果你感觉似乎有多个期刊适合投稿,你可以将它们按质量进行排序。其中一个方法是比较"影响因子",这个指标显示期刊中的文章平均被引用的次数。这个信息由科学信息研究所的期刊引证报告(*Journal Citation Reports*)提供。

影响因子对于在某一特定研究领域的期刊特别有用。让我们以《骨科》(*Orthopaedics*)为例。2005年影响因子位于0.1~4.2的期刊有41个,中位数是0.9。合理的假设是影响因子为4.2的期刊吸引了本领域最好的文章,而且这些期刊比影响因子居中(0.9)的期刊在本领域更有影响力。

然而如果你选择高影响因子的期刊,你的文章可能会被延误发表,正如下面这位学生的问题所隐含的意思一样:

我是应该将文章投到高影响因子的期刊并承担被拒稿的风险，还是投到较低影响因子的期刊并将它快速发表出来？

如果你打心眼儿里觉得你的文章是一流的，那就尝试高影响因子的期刊——只要它是你所在领域的专业期刊。但是，如果这个期刊在你所在领域以外，而你的文章被接收并且在这个期刊发表了，这篇文章也许很少会被你所在领域的科研人员阅读。比如，我的一位同事抱怨他的一篇非常优秀的论文发表在高影响因子刊物《柳叶刀》上之后却从来没有被引用过。当你经过一段时间的学习后，凭直觉就会感觉到哪些期刊是适合的。

按影响因子给期刊排序，这样就不对单篇文章进行评价。有些文章也许不会被引用，而其他的文章则会成为经典。尽管这也许会超出本书的范围，但我还是会告诉你一个寻找你所在领域里最优秀论文的方法：浏览 Faculty of 1000 Medicine（www.f1000medicine.com）或者 Faculty of 1000 Biology（www.f1000biology.com）。无论这些文章发表在哪里，这些网站都将按文章本身的价值给文章进行排名。然而你必须意识到排名靠前的文章未必写得很好。

投 稿 须 知

当你选择中了一个期刊，下一步是读它最新的投稿须知。一些期刊将须知印在每一期中，其他期刊只印在每一卷的第一期里。投稿须知也会出现在期刊的网站上。如果你在生物医学领域工作，你会发现很多期刊都使用"生物医学期刊统一投稿要求"（温哥华文件，www.icmje.org），这一组投稿须知旨在方便作者使用同一个文章格式将稿件提交到不同的期刊。

第五章 准备插图

假设你的实验结果显示了某种随着时间推移的趋势或运动,比如吸烟后尼古丁在血浆中的浓度,那么使用折线图来展示你的数据将是一个好方法。但是你不要简单地依赖计算机给出的设计。下面是一些常见的错误。

折 线 图

这个图(图5.1)看上去是个不错的折线图,然而它存在两个常见的缺陷:曲线使用了不同的线条样式和不同的数据点样式来进行区分——其实使用任意一种样式就足够了;用独立的图例来进行定义每条曲线,这使得读者需要来回看图例以确定每条曲线所代表的意思。

在下面两个经过修改的图(图5.2)中,曲线被直接标记并且使用数据点样式或线条样式来进行区分。在(a)图中显示,用中空和实心的圆圈数据点符号最容易进行区分。它们也可以含有某些象征性含义;比如,如果一个实验执行了某个处理(●)和未执行某个处理(○),这个中空的圆圈就可表示未执行某个处理的数据结果。

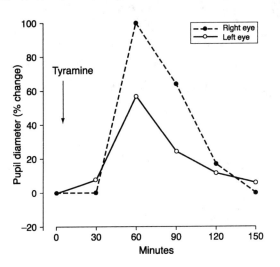

图 5.1 酪胺溶液对瞳孔大小的影响(经许可摘自 1994 年 Havelius 的草稿)

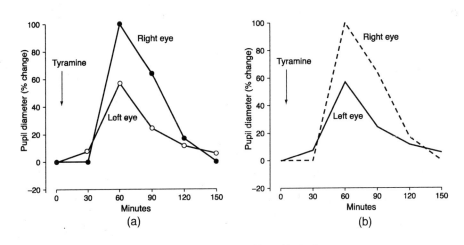

图 5.2 图 5.1 的另一种显示

其他标准的数据点符号有中空和实心的正方形和三角形(□,

△,■,▲)。如果你需要更多的符号,那么你可能在一个图中有过多的曲线,这时你应该考虑将它们分成两个图或者使用表格进行展示。

在(b)图中,你可以很容易地在数据线转折处辨别出删掉的数据点。这个图也许是两个图中比较好的一个。在科技文章中,数据点也许被过度使用了。

轴长之间的关系

在下面的图 5.3 中,曲线的第一个部分急剧下降,这是因为它从两个方面被夸大了:(1)竖轴比横轴长;(2)横轴的前两个刻度之间表示四个小时,而其他同样间距的刻度之间只表示一个小时,所以横轴被收缩了。

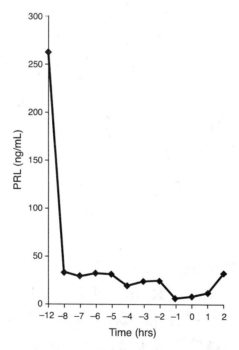

图 5.3　原始折线图夸大了下降部分(授权转载自 *Acta Obstetricia et Gynecologica Scandinavica* 2001;80(1):34-8.)

最美观的比例是黄金比例,即接近3∶2,但是3∶2的比例会造成误用。因此轴长之间的比例通常是1∶1,如下面的重绘图5.4所示。

时间零点表示进样的时间;正文已提供了这一信息,但是这一信息也被包含在了插图中。

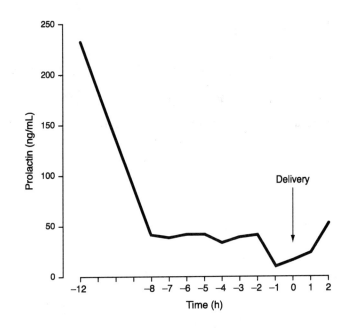

图5.4　图5.3的建议版本

标记数轴

读者必须对数轴的表示没有疑问。有一些绘图软件不是平行标记纵轴的,而是将一行文字放在图的上方,就如同标题一样。我甚至见过有人用这种方法标记横轴!所以要记住平行地标记数轴。

图展示了一种趋势,而不是表现确切的数字。因此刻度线的数量应该是有限的。纵轴的"1-2-5原理"经常被用,即数轴被分割为1,2,3,…;2,4,6,…;或者5,10,15,…;但不是7,14,21,…。如果有需要你也可以将数字乘以10(图5.4)或者100,但是最好不要乘以

1 000。因为科学单位之间经常是以千的倍数进行换算,换个单位很容易,将三个零省略掉就可以了,比如从微克到毫克的转换。

图　　表

时间序列也可以用一列纵向排列的柱子来显示,在大多电脑软件中叫柱状图(column chart)。这里有个例子。

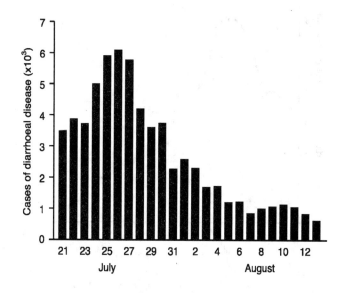

图 5.5　腹泻病的病例报告(霍乱、痢疾、脱水)(经许可转载自 Goma Epidemiology Group, Public health impact of Rwandan refugee crisis: What happened in Goma, Zaire, in July 1994? *The Lancet* 1995; **345**(8946):339-44,ⓒ The Lancet Ltd.)

这给我们提出了一个问题:哪一种表现方式对时间序列更适合——比如柱状图或折线图? 基于讨论的需要我重新画了个折线图(图 5.6)。为了避免歧义我将纵轴的 $×10^3$ 转换成千。请注意曲线比轴粗。也请注意两个轴之间是分开的,不像通常那样都是从零点开始。现在让我们一步步地比较这两个图。从上一个时间段到下一个时间段没有结转效应时,这时使用柱状图比较合适,即每个柱子表示一组新的数据,并没有从前面的时间段得到任何的累加数据。例如每年的出生数字应该用柱状图,而人口总数应该用折线图(Chapman and Mahon,1986)。在腹泻病的例子中没有结转效应,严格地说,各数据点之间的连线是人为画上的。那些担心这些问题的人可能更加喜欢柱状图。

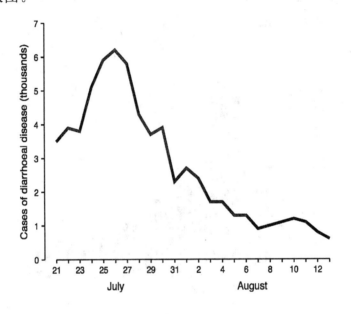

图 5.6　图 5.5 的替代表示

柱状图在某些情况下可以夸大单个测量之间的差别。如果是这样的情况可以不用柱状图。

图中应该没有多余的线条。柱状图(图 5.5)有 72 条线(每个柱子需要 3 条线,总共 24 个柱子),而折线图只有一条线。相对于柱状图,读者更容易很快看清折线图中的趋势或变化。在这种情况下你选哪一个?我可能更喜欢用折线图。

大部分读者不喜欢一种插图,那就是分组柱状图(grouped column charts),每组由两种或三种以上的类别组成,如下面的例子

（图 5.7）。

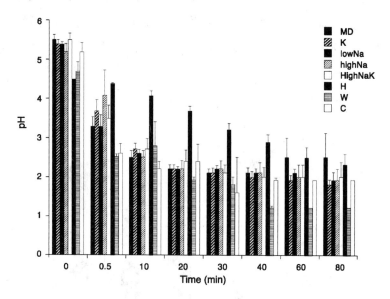

图 5.7 饮料及胃内容物的 pH 值（经授权转载自 *Medicine and Science in Sports and Exercise* 1993;251(1):42-51.）

这个图的图例自身都需要给出相应的定义，比如 W，似乎不像通常那样表示瓦特（Watt），而是表示水（water）；C 不表示碳（carbon）而是指对照实验（controls）。假如你现在看图的其他部分，不再回头看图例，你能记起曾看过什么吗？这样的数据可能更合适做表格。

每组 2~3 种类别应该是分组柱形图的上限。图 5.8 中只有两个类别，这样就易于阅读。

消除此图中的单独图例的一个方法是直接在第一组数据上进行标记，例如：

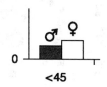

然而，柱状图的主要作用不是显示时间序列（这样的序列通常用折线图显示比较好），而是显示分类数据（categorical data）。下面的

图(图 5.9)显示的就是这样的数据。此图特别好的地方是它显示了每个柱子的精确百分比。这样的设计综合了表格(给出精确数据)和插图(快速展示信息)的优点。请注意,柱子的宽度比它们之间的距离要大。还要注意到柱子有灰色的底色(灰度适中),这样比黑白色调或条纹底色更赏心悦目。

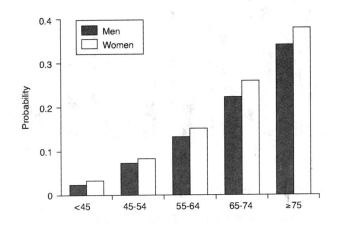

图 5.8 初步诊断为急性心肌梗死的病人入院后在冠心病监护病房的死亡概率(授权转载自 Clarke *et al.*,1994)

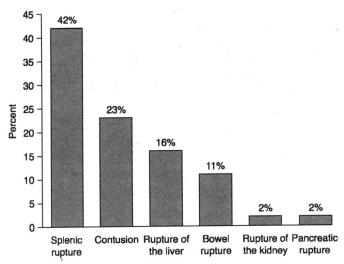

图 5.9 由于钝挫伤而造成的腹腔内损伤并伴有膈肌破裂(授权转载自 Sarna and Kivioja,1995)

然而,期刊狭窄的栏宽(大约 8 cm)只允许柱状图有少数的柱子,此图已接近极限。在最右边的两个柱子下面,两个独立的文字说明几乎都要重叠到一起了:Rupture of Pancreatic … 这样的问题可以使用条形图(bar chart)来解决,其在计算机的术语是水平排列条形图。

图 5.10 是个很好的条形图例子。条形物从大到小排列。图中也显示了每个条形物的确切数值。

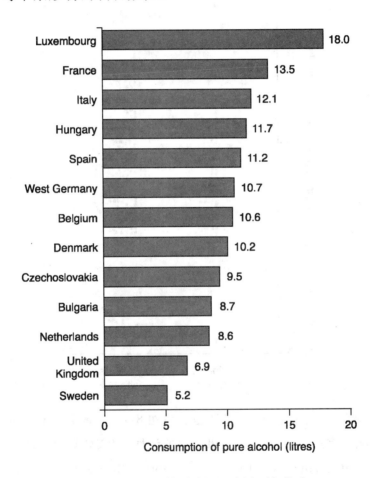

图 5.10　每年居民人均酒精消耗量(授权转载自 von Os and Neeleman,1994。)

我们将转向另一个问题:展示原始数据。我将阐述使用原始数据可以比使用总结的数据展示更多信息。

图 5.11 中的原始数据可以用开放柱状图的形式展示。在图的右

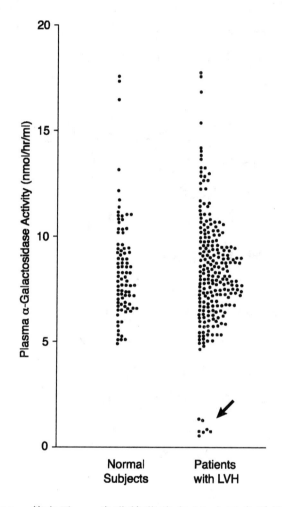

图 5.11　等离子 α-半乳糖苷酶在 89 个正常男性和 230 名左室肥厚（LVH）男性患者中的活性（授权转载自 Nakao et al., An atypical variant of Fabry's disease in men with left ventricular hypertrophy, *N. Engl. J. Med.* 1995;333：288-93. 版权属于 1995 Massachusetts Medical Society. 保留所有权利）

下方有 7 个离群的数据点(外值)很显眼(箭头位置)。这 7 个离群数据的样本有非典型变异的法布里疾病(Fabry's disease),这是一种严重的代谢异常疾病。用总结后的数据作图(与前一个图有几乎相同的平均值和方差)可以有效地掩饰掉这些外值。

现在我们做相反的处理,看看总结数据图(图 5.12)中的原始数据都能告诉我们什么。我选择的图展示的是孕中期使用传统方法

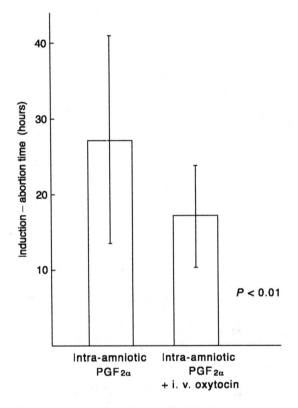

图 5.12 给妇女单独使用羊膜腔内前列腺素 F2α(PGF2α)与联合使用静脉注射催产素在人工流产治疗中的奏效时间(均值和标准方差)的比较。(授权转载自 *Prostaglandins*,2,M. Seppälä, P. Kajanoja, O. Widholm, P. Vara, Prostaglandin-oxytocin abortion: A clinical trial on intraamniotic prostaglandin F2α in combination with intravenous oxytocin,311-9,1972.)

（只使用前列腺素）和新方法（同时使用前列腺素和催产素）诱导流产所需时间的比较。

此领域的临床医生看到这个图时首先留下的印象是新方法使流产时间显著缩短。然而当看到重画的图（图 5.13）时，可能这种印象就不那么深刻了。新图由 53 个患者的独立数据组成，这些数据摘自同一文章中的穗状条形图（也叫针状条形图；Harris，2006）。

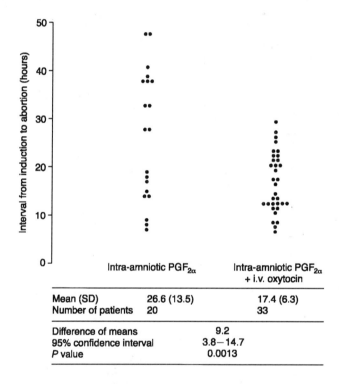

图 5.13　图 5.12 的其他展示方式

重新绘制的图改善并不明显，不如汇总数据图所预期的那样。我将相应的数据表格附在图中，这样读者就不需要在文中寻找这些信息了——这是奥特曼（Altman，1995，40）推荐的设计。

奥特曼（1995，222）和塔夫特（Tufte，1983，13 - 14）用说明性的例子展示了使用完全不同的原始数据也可以做出同样的汇总数据表。所以在你开始写文章之前，我建议你将观察的原始结果画个图，至少画个草图看看你会发现什么。如果你最终决定用汇总数据来展示结果,请避免使用以下的图表(图 5.14)类型。

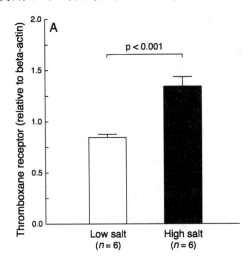

图 5.14 摄入低盐和高盐的老鼠肾脏皮质的数据(均值±标准方差)对比图(A:肾脏皮质)(授美国生理学会许可转载自 Welch et al., 1997)

为了显示每个柱子都有一个单独的平均值是多余的,在如下重绘图(图 5.15)中删去了柱子并用数据点显示平均值。

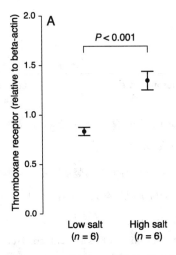

图 5.15 图 5.14 的替代图

这里是对原始图(图 5.14)的进一步评论。没有必要为以示区分将一个柱子画成白色另一个画成黑色;两个柱子都用灰色色调就很好(见图 5.9)。注意纵坐标的标题太长,已延长到轴线以外。这个图可取的地方是它用 P 值表示了概率值而不是用星号值。星号值($^*P<0.05$, $^{**}P<0.01$, $^{***}P<0.001$)是应该避免使用的,并且应该给出 P 的确切数值($P<0.001$ 除外;见第二十二章,"$P<0.05\neq$真值")。

箱线图(箱形图)已成为一种流行的展示数据的方式。由于其中有很多的变量(Harris,2004),你需要解释图中的细节。如下面(图 5.16)《柳叶刀》中的例子(Chaparro *et al*.,2006)。

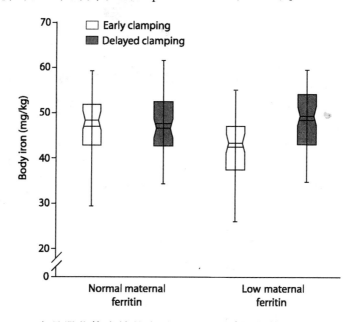

图 5.16　6 个月婴儿体内铁的含量(mg/kg)受孕妇体内含铁量以及治疗效果的双向互动影响的箱形图

方框代表四分位数(25%～75%的百分位),竖线显示未经调整数据的 5%～95%百分位。每个方块中的凹槽表示与中间值有关的 CI,由凹口中间处的水平线表示。额外的水平线表示每个子群的平均值。[…](经 Elsevier 许可转载自 *The Lancet*,367,Chaparro *et al*.,Effect of timing of umbilical cord clamping on iron status in Mexican infants: a randomised controlled trial,1981-9,© 2006.)

如果你不确定是使用汇总数据还是原始数值来展示你的结果，你可以如图5.17这样同时使用两者的方式来展示结果。

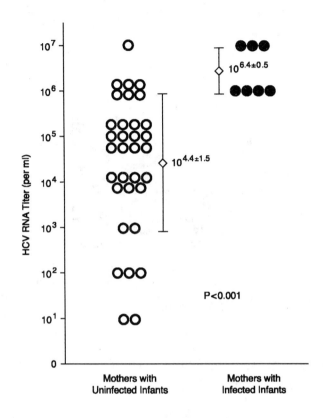

图 5.17 33位怀有未感染丙型肝炎婴儿的母亲和7位怀有感染丙型肝炎病毒婴儿的母亲血清中HCV（丙型肝炎病毒）RNA滴度的平均值（±标准方差）（经马萨诸塞州医学会许可转载自 H. Ohto, S. Terazawa, S. Sasaki, N. Sasaki, K. Hino, C. Ishiwata *et al*. Transmission of hepatitis C virus from mothers to infants. *N. Engl. J. Med*. 1994;330:744-50. 保留所有权利）

另一个同时展示原始和汇总数据的方法是将原始数据图和表格结合起来，如图5.13所示。人们会疑惑为什么这两种展示信息量很高的方式（图5.13和图5.17）很少被使用。

让我们来讨论一下三维图。现代计算机技术很容易呈现三维图。因此这种图越来越经常地出现在发表的文章中。不幸的是,由于这种图易于创建,所以其往往被使用在二维数据上。这种情况下,第三维元素被错误地引入图中。图5.18是一个典型的例子。

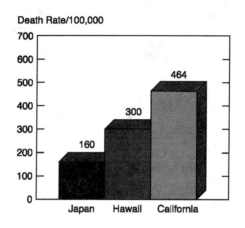

图5.18 在1950年居住在日本,夏威夷或加利福尼亚州的55岁至64岁日本出生的男性由于冠状动脉疾病的死亡率(经许可转载自Reed,1990)

将它改成二维图后,此图更易于阅读(图5.19)。

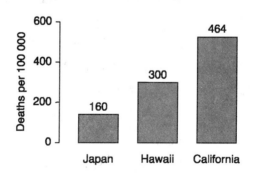

图5.19 图5.18的二维版本

注意柱子之间添加了间隔并且用了同样的灰色调。柱子比它们之间的间隔要宽。也要注意纵轴没有加长、没有超出图的高度,刻度上的数字减少了,而且刻度标记点向外。

真正的三维图在研究结果中是极为罕见的。然而塔夫特在他的代表作《定量信息的可视化展示》(*The Visual Display of Quantitative Information*)(Tufte,1983:42)中列举了一个三维图的极佳例子,他描绘了南加州六个地区的空气污染情况。只有使用三维图才能在洛杉矶的背景下区分出圣贝纳迪诺峰。

饼图可分为两种:三维的称为饼图,二维的称为简单饼图。

由于难以对三维数据进行比较(特别是不同尺寸饼图间的比较),并且饼图浪费空间(一个图所占的空间内展现很少的数据),三维的饼图不适合用来展示科学数据。塔夫特(1983,178)曾说过"比一个饼图更差的就只有多个饼图"。

然而简单饼图在科技文章中的使用率在增加。由于它的说明性比科学性强,所以适合在杂志中使用。虽然我不提倡在科技写作中使用简单饼图,但是我还是要介绍如何使用它。一个恰当的简单饼图具有四个要素(图5.20):(1) 最大的部分要从上方(12点位置)展

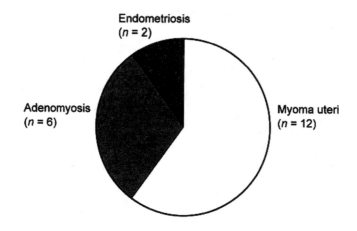

图 5.20　对患者的临床诊断研究(经许可节选自 Chyi-Long Lee 和 Yung-Kuei Soong 的手稿,1991.)

开;(2) 在顺时针方向继续放比例较小的部分;(3) 图中不能超过5

个部分；(4) 说明性文字放到圆圈的外面。为了强调某一部分,这个部分可以稍微与圆圈分开一些;大部分软件都有相应的操作。然而如果由于空间局限,图 5.20 的内容可以用文本给出,如下面所示：

Of the 20 patients studied，12 had myoma uteri；6，adenomyosis；and 2，endometriosis.

提 交 之 前

任何图都可以缩小到期刊的列宽(大约 8 cm)。缩小后数轴上的标记文字应与文本中的大小相似。将你的图在复印机上缩小,看是否符合要求。

当手稿以电子稿形式提交时,图可以和文字部分一起上传或分开上传。参见你所选择期刊的作者须知,看它要求以怎样的格式提交。

第六章 绘图

当我第一次画插图时,尽管已经可以发表,但我还是请了一位画家重新手绘了一幅插图(我们那时没有电脑!)。结果是插图有所改进,而我也为此花了一些钱。现在我都是自己画插图。这不是一件坏事,毕竟插图能够精确表达我的意思。

下面是一篇文章中作者画的插图(图6.1)。

这篇文章报道的是一种腹腔镜检查造成的严重并发症。在手术开始阶段,其中一个套管(一种利器)有可能会插入大肠。文章表述如何避免这种并发症——并且用插图精确描述了作者的意思。这张图没有花作者一分钱!

如果作者想请专业的画家画插图,那么我建议你给画家提供详细的草图。画家将草图扫描到电脑里后再进行修改——这样比手绘图便宜很多。然而娴熟的插图画家是很稀少的,并且他们的日程通常很满。因此你应该在恰当的时机联系他们,最好在你开始写文章之前就联系。

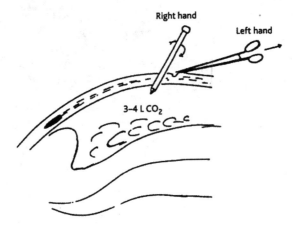

图 6.1 How to Prevent injuries to internal organs when starting the trocar before performing a laparoscopy. (我将瑞典语翻译成的英文。插图经许可做了些调整, Samuelsson and Sjövall, 1973)

图 6.2 对比了作者的草图(上图)和画家修改后的插图(下图)。每个细节部分都被改进了而且具有专业效果。

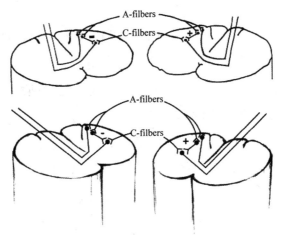

图 6.2 绘制的草图(上图)和最终的插图(下图)(经作者 Joanna Wallengren 许可印刷的草图。最终的版本经美国皮肤病科学院许可转载自 Journal of the American Academy of Dermatology, 39, Wallengren, J. Brachioradial pruritus: A recurrent solar dermopathy. 803-6, 版权(1998), 插图由 Ronny Lingstam 绘制)

第七章 图题

一个插图的图题或标题应该包括以下部分：
（1）标题，描述图的主题；
（2）注释，解释图中内容。

在一些情况下，只有注释就足够了。然而很多图题没有较好地传递信息。图7.1是其中的一个典型，它可以被修改成图7.2所示的形式。

在修改后的图中，Group A 被改为 Treated women，并且 Group B 被改为 Controls，这样读者就不必在文中查找这些词语的解释。刻度点向外，这样它们就不会与横轴上的曲线相重叠。

下一章图8.1也给出了一个例子，其图题部分只含有注释。

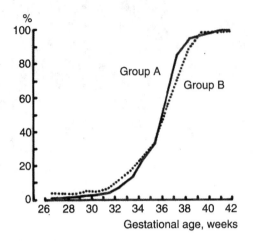

Figure 7.1 Cumulative weeks to delivery of women in group A ($n = 78$) and group B ($n = 78$). (Reproduced from a manuscript in preparation that after revision was published in *Acta Obstetricia et Gynecologica Scandinavica* 1988; 67: 81-4; with permission from the author and Munksgaard International Publishers Ltd., Copenhagen, Denmark.)

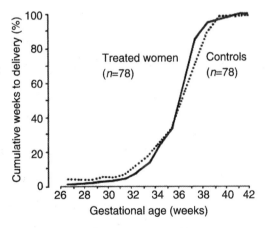

Figure 7.2 Outcome of twin pregnancy in women prescribed either prophylactic leave of absence from work (treated) or not (controls). Gestational duration did not differ between the groups.

第八章　如何设计表格

表格的内容通常是用来描述某种信息，偶尔也可以用来声明某种看法。如果这两种属性能够在表题中反映出来，那么将对读者有所帮助。

描述性表题

描述性的表题在展示具体信息的表格中被使用。例如下面的表格 8.1（只列出了部分原始表格）。

Table 8.1 Maternal age, gestational age, indication, size and type (avascular or vascular) of villi sampled, method used in processing the biopsy (direct preparation, 24 h culture, long-term culture), and karyotype in 80 diagnostic cases of first-trimester chorionic biopsy

Case No.	Maternal age(y)	Gestational age (wk)	Indication	Villi sampled			Cytogenic method			Karyotype
				Weight (mg)	Avascular	Vascular	Direct	24h culture	Long term culture	
1	45	12	Previous child Mb Down	10	×				×	46,XY
2	19	12	Hemophilia	2					×	46,XY
3	30	9	Hemophilia	10		×			×	92,XXYY
				5	×					
4	41	11	Age	8		×			×	46,XY
[etc.]										

Source: Reproduced from Heim *et al.* 1985, with permission from Munksgaard International Publishers Ltd., Copenhagen, Denmark (partial table).

这个表格选自我的一篇文章。回头再看这个表格,表题犯了常见的错误,那就是罗列表中的每个项目。这样在表题中有39个词,而其中31个词可以删掉。缩减版如下,读者一瞥就可以理解:

Table 8.1 Details of 80 diagnostic cases of first-trimester chorionic biopsy

声明性表题

如果一个表格的目的是展示清晰的趋势或关系,那么使用声明性的表题就比较合适了。以下的表格(表8.2)展示了随着出生体重的增加,锁骨骨折的频率也在增加。

Table 8.2 Fractured clavicles and birth weight

Birth weight, g	Deliveries		Fractured clavicles	
	n	%	n	%
−2500	434	8.5	9	2.07
2501−3000	1395	27.3	45	3.23
3001−3500	2047	40.0	108	5.28
3501−4000	1049	20.5	111	10.58
4001−	193	3.7	24	12.44
All	5118	100.0	297	5.80

← 表题

← 表头

← 表身

Source: Reproduced from a manuscript by Jójárt *et al*. 1992, with permission.

但是这一点在表题中并没有被展现出来，读者必须通过阅读这个表格才能理解它要表达的意思。如果将表格的信息写到表题中，那么将便于读者阅读：

Table 8.2 Increase in fractured clavicles with birth weight

四舍五入

表格8.2最右边的一列所显示的百分数过于精确，一位小数就足够了（见第二十章"百分比"）。中间这一列里的百分数加起来刚好是百分之一百。作者为了达到这个目的将原先的3.8%改为3.7%（从下面数第二个空）。不要为了使它们加起来符合实际总值而调整项目的数据。相反，应该在四舍五入后给出总值（在这个例子中应为100.1%），并且在脚注中进行解释："由于四舍五入而造成总值超过100%"。

话虽如此，但是我还是要强调这个表格的优点。它特别好的一点是它只有一个论点。另一方面,如果表格数据有两个结论,作者最好试着将表格拆成两个小的表格。如果一个表里有两个结论,那么往往会使两个结论都变得模糊不清。这个表格的另一个优点是所比较的数字是顺着列往下排的,而不是横着排。这样是比较易读的形式。(如果你不相信我,试着将百分比从左到右排一下看看!)

表还是图?

如前面所提到的,表格可以被用来报道确切的数字或演示趋势。但是趋势通常用插图来演示比较好。这里有一个例子可以用来说明我的观点。

下表(表 8.3)是个重要的药物发现。它第一次展示了在体内某些消炎药物,比如消炎痛或阿司匹林,可以抑制前列腺素的合成。这一研究的轰动性结果被隐藏在表格中。另外表题也没有显示任何信息。在表题中使用冗长的化学名称会使读者费解,使用前列腺素的代谢物就可以了,完整的化学名称可以放在方法部分。

Table 8.3 Excretion of 7α-hydroxy-5,11-diketotetranor-prostane-1,16-diodic acid in subjects receiving analgesics. Indomethacin (a, 4×50 mg/24h) [...] given as indicated by asterisk.

Subject	Amount of metabolite (mg/24h)						
	Day 1	Day 2	Day 3	Day 4	Day 5	Day 6	Day 7
la	4.8	4.8	1.8*	1.1*	1.5*	2.7	4.1
lla	3.9	4.4	0.7*	0.7*	0.7*	3.1	6.5
llla	3.8	3.0	0.5*	0.3*	0.3*	0.8	1.1
[etc.]							

Source:Reproduced, with permission, from Hamberg, 1972 (partial table).

这里(表 8.3)所显示的仅仅是原始表格中含有的三个患者接受消炎痛治疗后的结果部分。我将这一部分换成插图(图 8.1)来更清楚地展示消炎痛的显著疗效。

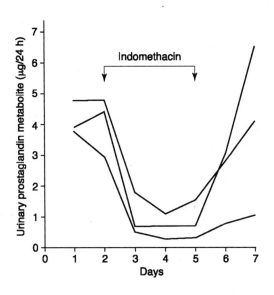

Figure 8.1 Urinary excretion of a prostaglandin metabolite decreased following indomethacin administration in three humans

注意这些曲线使用相同类型的线条是因为它们不需要进行区分；它们都显示了同样的趋势。图中的曲线比轴线粗，两个零点标记在两轴相交处，刻度点向外标记，两个轴的长度相同，纵轴的标记平行于轴线并且从下向上递增。同时也要注意到图题给出了插图的相应信息。

下面我将展示如何设计表格。使用文字描述这些细节将会使你感到枯燥无味，因此我在一个虚构的表格周围安排了附录式的说明。除了脚注部分，表中的文字是重复输入的 Once Upon a Time。这样你就可以集中观察表格的布局而不会被文字内容分散注意。

输入表格

> 在温哥华文件(2002)中建议脚注使用上标*，†，‡，§，‖，¶，**，††，等等——这是文件中少数几个我不赞同的建议。在本书中，我使用了较为平常的顺序编号a,b,c,等等。这种编号方式被越来越多地使用在生物医学刊物中。
>
> 如果表格中使用了几个缩写或符号，所有这些缩写和符号可以集中到一个脚注中进行定义，脚注号放在表题后(*CBE*, 1994, 686)。

> 只有三个全宽的线，没有竖线。

Table 8.4 Once upon a time[a]

	Once upon a time		
	Once	Upon	A time
Once	(xx)	(xx)	(xx)
Once	xxx	xxx	—[b]
Once upon[c]	xxx	xxx	xxx
Once upon a time once	xxx	xxx	xxx

[a]Data are given as means (SD) unless otherwise. Hb denotes hemoglobin, RBC red blood cell count, and WBC white blood cell count.

[b]No measurement made.

[c]Median (interquartile range).

> 换行需要缩进(至少5毫米)，并使用单倍行间距(这是在双倍行距手稿中唯一的例外)。

> 在一篇文章的第一个表格中，所有的缩写都需要注释，但不必在随后的表格中重复注释。只要在脚注中写："参见表1中的缩写"即可。

第九章 标题

对于一篇科技论文，大约有一半的读者只会读它的标题（Kerkut，1983）。改善这一局面的方法是使用声明性的标题，即在标题里声明论文的结论或观点，而不只是描述一下文章所涉及的研究方向。

只要情况允许，请使用声明性的标题而不用中性的标题

以下标题是中性的：

Influence of aspirin on human megakaryocyte prostaglandin synthesis

约翰·范（John Vane）在1971年《自然》杂志上发表的经典论文中将上述标题表述得更好：

Inhibition of prostaglandin synthesis as a mechanism of action of aspirin-like drugs

（约翰·范在1988年被授予诺贝尔奖以表彰他的发现。约翰·范的发现展示了阿司匹林是如何止痛的。）

以下声明性标题选自《生物科学》(*Biological Sciences*)(Marvin, 1964)：

Birds on the rise

古德曼等(Goodman *et al.*, 2001)建议将研究设计也包括在标题中，如下所示(Lee *et al.*, 1995)：

Improved survival in homozygous sickle cell disease: Lessons from a cohort study

然而不建议使用下面的格式(Quesada *et al.*, 1995)：

Leaf damage decreases pollen production and hinders pollen performance in Cucurbita texana

作者的意思是不是这项工作真的一次而且永久地被解决掉了？当提到你自己目前的研究工作时应使用过去时态：

Leaf damage decreased … and hindered …

这种使用动词的方式将标题变为一个句子，这样比使用短语要好些。然而对于描述性的研究，你必须使用中性的标题(Kitin *et al.*, 2004)：

Anatomy of the vessel network within and between the tree rings of Fraxinus lanuginosa（Oleaceae）

以问号结尾的标题

科学家们通常先浏览目录然后直接通过页码找到相应的文章。如今大部分的科学家通过电脑屏幕浏览标题，但是经常无法获取到文章内容,有的时候甚至是无法获取摘要部分。因此与其使用疑问形式的标题,如下面的标题(McWhorter and Martinez del Rio,2000):

Does gut function limit hummingbird food intake?

不如让读者从开始就得知答案:

Limitation in hummingbird food intake by gut function

然而,综述文章可以使用以问号结尾的标题,因为一些综述文章只描述一件事。一篇在《自然》杂志上发表的微型综述(Pitnick et al., 1995)的标题大概涵盖了研究方向中所有或大部分争议,比如:

How long is a giant sperm?

由关键词开头

在下面的标题中,直至最后的几个词才说出文章研究了哪一种疾病。因此一位快速浏览目录的读者没有时间看出这篇文章写的是什么。

The effect of calcium antagonist felodipine on blood pressure, heart rate, working capacity, plasma renin activity, plasma angiotensin II, urinary catecholamines and aldosterone in patients with essential hypertension

当关键词被放在标题起始位置时,所研究的疾病名称就立刻清晰了:

Essential hypertension: The effect of …

使用动词而不用抽象名词

下面是通常使用的标题格式:

Treatment of polycystic ovary syndrome

但是如果你将名词转换成一个动词,这将使句子变得更有活力:

How to treat …

避免在标题中使用缩写

《柳叶刀》杂志(1992)要求作者避免在标题中使用缩写。我曾见到下面这样一篇编者按的标题(编辑否认这是个笑话):

OCs o-t-c?

全称是指"非处方的口服避孕药?"或者换句话说,就是"允许药店销售的没有医生处方的口服避孕药?"

诚然,正是由于它不知所云的标题引起了我的注意并阅读了这篇编者按。所以,这个例子可以看作是"不要在标题中使用缩写"这一经验规则的特例。

当然,你可以使用那些比其全称更令人熟悉的缩写和符号,比如 DNA 和 pH。然而,为了避免疑问,不妨将全称和缩写同时使用,如下面的这个标题(Stockdale, 2000):

Contaminated material caused Creutzfeldt-Jacob disease (CJD) in some undersized children who were treated with growth hormone (GH)

毕业论文的标题

在《美国医学会杂志》(*JAMA*)中我看到如下的标题。它是由宽泛的主标题和详细的副标题组成(Hodgen, 1981)。

Antenatal diagnosis and treatment of fetal skeletal malformations with emphasis on in utero surgery for neural tube defects and limb bud regeneration

这种标题形式应该对你的博士论文有用：主标题是针对非专业人士，包括你的亲戚，邻居和朋友；详细的副标题则针对本领域的专家。

栏 外 标 题

由于栏外标题是针对读者，所以大部分期刊将栏外标题印在每页的顶部（页眉）、底部（页脚）或替换页上。因此如果从一篇文章的中间将期刊打开，读者也会知道这篇是关于什么的文章。

由于你的主标题可能会比栏外标题的限制长度要长，所以请提供缩减版的标题（在手稿的标题页）。当你缩减标题时，请专注于关键词，就如同发表在《妇产科学》(*Obstetrics Gynecology*)期刊(López-Jaramillo *et al.*, 1997)上的这篇文章的标题那样：

Calcium supplementation and the risk of preeclampsia in Ecuadorian pregnant teenagers

被缩减为：

Calcium supplementation reduces preeclampsia

然而如前面指出的那样，描述当前文章所展示的结果应该使用过去时，因此是"reduced"；现在时"reduces"则用在既定的知识上。

当听到我这一建议时，一名选课的学生问到："你真的认为特焦(Tjio)和莱文(Levan)（发现人类有46条染色体，而不是48条）应该将他们的论文标题定为'*The chromosome number of man was 46*'?"当然不是，这样将完全误导读者。这一具有说明性的例子引出科技文章写作的第一原则，即作者的常识应永远优先于固有的原则。

然而这里讨论的栏外标题使用过去时"reduced"是可以被接受的。

Calcium reduced the risk of preeclampsia

注意我恢复使用了"the risk of",因为条件是不能被降低的——只有频率,难度,或两者同时可以被降低。

第十章 作者

谁应该成为作者？让我们讨论一下这一棘手的问题。

著作权的准则

国际医学期刊编辑委员会(International Committee of Medical Journal Editors)(1985;2002)对著作权标准的界定很少为大部分科学家所知。而且即使知道,这些界定也经常被忽略,因为它们被认为太过严格。根据目前的标准,截止到2002年1月27日(www.icmje.org),一篇文章中所有被指定的作者都应该具有以下条件：

(1) 构思和策划文章中的工作或者解释文章所呈现的实验现象,或者两者都有；

(2) 撰写论文,或审阅后续版本和参与修订工作；

(3) 核准最终版本。

由于必须满足这三个条件，就意味着一个做了必不可少却是徒劳无益工作的熟练技术人员，或者是提供病人材料的临床医生就不适合做合作作者。如果是这样的话，究竟哪一种著作权准则在现实世界适用呢？

在现实的研究世界里，目前大部分研究需要团队协作。每个成员提供不同的天赋和技术。无论他们的贡献是什么——智力（创意）或行动（做实验）——所有团队成员通常都在作者署名里被认可。

名字也需要一定的排序。最显眼的位置，即名单的开头或结尾部分，通常是团队的领导者（通常是作者）。合作作者则按降序依次列出，以反映每个人对这项工作的贡献大小。我的经验是团队领导是决定这一排序的最佳人选。他或她将会为了进一步的研究而迫切需要将这些合作作者留在团队里，并且为了自身利益而将排名做得公平。

那么合作作者对排名满意吗？通常不满意，因为很多人倾向于过高估计他们自己的特定贡献。当一篇多作者文章的作者们被要求界定他们自己的贡献，贡献总和可以达到300%（Broad，1981）！

如果撰写一个介绍每位作者在文章里所做工作的致谢——如同电影的致谢名单那样——也许会使作者排序变得不那么重要。这一提议是1996年在英国诺丁汉召开的著作权会议（Godlee，1996）上被提出的。从那时起这一提议被一些重要的期刊所采纳，如《英国医学杂志》（*BMJ*）、《美国医学会期刊》（*JAMA*）和《柳叶刀》（*The Lancet*）。这些期刊将名单添加在文后的"Contributors"下面。

投稿者名单

下面是发表在《柳叶刀》中的一个例子（Tønnes-Pedersen *et al.*，1997），其中突出了一位研究生的工作。文章标题和作者署名内容如下：

Hormone replacement therapy and risk of non-fatal stroke

Anette Tønnes-Pedersen，Øjvind Lidegaard，Svend Kreiner，Bent Ottesen

这里是投稿者名单的一部分：

Anette Tønnes Pedersen carried out the study, as part of her PhD project, and was responsible for all parts of the research project, including the writing of the paper. Øjvind Lidegaard was responsible for the initial study design … Svend Kreiner did the statistical analysis … Bent Ottesen was responsible for overall supervision …

Tønnes-Pedersen 做了一个研究生可预期做的所有工作，所以在投稿者名单中她可以被这样写。

读者也将受益于这个名单。他们会比较容易地选择与哪位作者来讨论文章中的某些要点或是讨要试剂。

即使你投稿的期刊还没有采用"contributor"概念，我仍然鼓励你在手稿中附上一份投稿者名单。编辑们将会喜欢这种做法，而且这将推广这一理念。

但是投稿者名单不要写得过于详细。在《柳叶刀》(1997，350：620-3)中我看到一份报告的投稿者名单里有以下的声明，它是有关问卷调查的(姓是虚构的)：

… Isabel Moe … mailed the letters and questionnaries … .

合著权问题

下面是一位课程学员提出的关于合著权的问题：

如果一个多学科交叉的研究，其中涵盖了许多其他的研究方向，比如根据某个标准化的方法对一组患者进行心理评估。心理医生成为一些文章的合作作者。在基于这些材料的进一步分析所完成的论文中，这位心理医生是否应该被列为合作作者——即便他没有参与任何研究？

对此我没有答案。但是请从两个角度来考虑这个问题，心理学家的角度和你自己的角度。

没有心理学家对患者所做的专业评估（这明显不是例行工作），你就没有材料来进行分析并且没有结果来报道。你也许应该将他列为合作作者并叫他检查手稿。他或许可以在他参与的那个部分提供有价值的想法。

然而你的确感觉到这个心理学家已经得到了他应得的荣誉，并且也确信不再需要他的专业知识。那么在将来的文章里，你可以在致谢中感谢他。这意味着这位心理学家也可以根据这些评估材料从心理学角度写一篇文章——并在致谢中感谢你。

第三种方法是你和那位心理学家谈一下情况。但是很明显，这一方法是行不通的；否则你已经采用它了。

以上的讨论说明了有关著作权的决定可以成为多么棘手的事情。

第十一章 摘要

在写作的开始阶段为自己写一个工作摘要,为自己提供一个文章剩余部分的框架。这将指导你详写哪些内容和省略哪些内容,避免重复写作。然后当你写完文章时可以回到工作摘要部分并将它改写成最终版本。

这里让我们考虑一下将哪些内容放入摘要。两种摘要(非结构性摘要,即传统摘要;结构性摘要)都需要四个基本部分:背景(包括研究的目的),方法,结果和结论。

传 统 摘 要

在传统摘要中,这四个基本组成部分并没有用标题进行突出显示,这也许就解释了为什么一些作者会忘记写某些重要的部分。最坏的情况是摘要既没有背景知识也没有结论。许多用传统方式写的

摘要缺少相应的信息,并给编辑造成很多不必要的困难。下面的摘要截取自《避孕》期刊中的一篇文章,这个摘要以方法部分开头:

ABSTRACT

80 female Wistar rats were employed in this work. They were homogeneously divided into four groups….

大部分期刊使用传统摘要报道实验研究,而且这也适用于病例报告和简讯。然而临床类的期刊经常要求使用结构性摘要。

结构性摘要

结构性摘要与传统摘要的区别在于每个部分都有标题。以下特焦(Tjio)和莱文(Levan)(1956)的经典文章《The chromosome number of man》就属于这类。这篇文章是在结构性摘要被普遍使用之前发表的。所以,为了展现哪些需要被放到文章中,我根据文章的内容写了一个结构性摘要。

Background. It is generally accepted that the chromosome number in humans is 48. But to count chromosomes has been difficult, as they clump and partially cover each other. In this study, cultured cells were treated with solutions that spread the chromosomes and made them easier to count.

Methods. Cultured cells from human embryonic lung were treated with both colchicine and hypotonic solution.

Results. Among 265 mitoses counted, all but 4 had a chromosome number of 46.

Conclusion. The results suggest that the chromosome number in humans is 46, not 48.

一些临床类期刊的结构性摘要会更加详细,它们将方法部分进一步细化,例如:设计(Design),设置(Setting),患者(Patients),干预(Intervention)和测量(Measurement)。如果你要投稿的期刊要求结构性的摘要,投稿须知将告诉你需要哪些内容。

结构性摘要一直被诟病。它比传统摘要长,并且其采取的格式或许会约束作者,妨碍创造性的发挥;而且它刻板的统一格式也许会使读者厌倦。

诚然,这些负面意见是严重的,但是结构性摘要的优点也显而易见,胜过了其冗长的篇幅和额外的写作量。事实上,结构性摘要可以准确并有效地传达信息,以至于读者不会阅读文章剩余的部分,而这并不是我们的本意。

最后,如果你不能避免在摘要中使用缩写,那么你必需在摘要中解释它,因为摘要将会单独出版。由于同样的原因,如果你确定要在摘要中引用文献,请给出完整的文献信息。

第十二章 引言

迈克尔·克莱顿(Michael Crichton)是《侏罗纪公园》(*Jurassic Park*)和其他畅销书的作者,他有医学背景。一次他在《新英格兰医学杂志》(*New England Journal of Medicine*)(1975)发表的文章中写下了如下的引言:

> Most medical communications are difficult to read. To determine why, contributions to three issues of the *New England Journal of Medicine* were studied and the prose analyzed.

克莱顿的第一句话虽然是只有七个单词的简洁话语,却激起了读者的兴趣。整个引言部分非常简短——只有三行而且不需要添加任何一个词。

这是在《英国医学杂志》(McGarry,1994)上发表的文章中的一篇很好的引言:

Nose bleeds in adults are the commonest reason for emergency admission to an otolaryngology ward, but the cause of the condition remains unknown.[1] Case reports suggest an association between nose bleeds and regular, high alcohol consumption.[2-5]

We conducted a prospective case-control study to compare the alcohol habits of adults with nose bleeds with those of controls being treated for other otorhinolaryngological conditions.

这些引言如同其他许多精心编写的引言一样，包含对两部分的简短描述：

（1）问题；

（2）解决方案。

然而，开始的几句话会很普通，甚至是索然无味。如下面的例子，来自我的一位学员上交的手稿：

Respiratory diseases are important health problems throughout the world and often lead to morbidity and death.

这些陈词滥调可以毫不犹豫地被删掉，后面的空洞语句也可被省略掉。只有在第三句中作者才点出了重点：

An important risk factor for developing Chronic Obstructive Pulmonary Disease (COPD) is chronic cigarette smoking (1).

我建议作者使用第三句话做开头。文献(1)应该是一篇精心选择的描述问题的综述文章。

你或许需要超过两到三句话完成引言，但是最好不要超过一页纸的长度(两倍行距)。其他特定研究领域也许需要更多的篇幅,比如职业科学,医药伦理,护理和保健。请参考最新版本的作者须知。

如果你以前除了摘要形式以外还发表了部分工作,那么你应该在引言结尾处说明一下。

第十三章 方法

方法部分通常最好按操作顺序进行描述。所以以下摘自正在撰写的手稿中的例子需要改变表述顺序：

Cell growth was stopped with colchicine after incubation for 65 – 70 hours at 37 ℃.

改为：

After the incubation of cells for 65 – 70 hours at 37 ℃, their growth was stopped with colchicine.

除非以前发表的方法已经被广泛了解，其他情况下读者希望被告知实验方法的主要步骤。因此，只引用图片可能会被认为信息不足，如同下面这个正在撰写的稿件中的例子一样：

Kidney volume was measured as previously described.[3]

只添加少量的内容就可以使读者了解方法的大致轮廓（修订部分使用粗斜体）：

The kidney volume was measured *with an ultrasound apparatus containing a built-in volume program*.³

然而对于一个新的实验程序,你应该做更详尽的描述,以便让训练有素的科学家重复实验。对于首次写作的作者可能很难在太多信息和太少信息之间找到平衡点;新手往往会犯给出信息太多的错误,可以请一个有经验的同事帮助删除多余的细节。

研 究 对 象

我曾经在一扇门上看到征集志愿者的告示。它征集的是完全健康、55岁到60岁之间、不吸烟的女性来参与一项雌激素对腿部血液循环影响的研究。这扇门从一个巨大的自行车库(为医院的工作人员所设)通向电梯间。这些细节最终都与研究结果相关。因为这个年龄段还在骑自行车的女性应该不具备代表性,特别是与研究的主题(腿部的血液循环)不相关。

事实上,大部分医生阅读你的文章时会问他们自己:"这是否适用于我的病人?"为了评估这一点,他们需要知道参与者的确切来源以及采用或排除的标准。如果你不确定如何来表述,我建议如同在《美国医学会杂志》上发表的关于治疗儿童普通感冒的一篇文章(Macknin *et al*.,1998)那样,添加"患者招募和选入的标准(Subject Recruitment and Enrollment Criteria)"这一部分。

知 情 同 意 书

在伦理委员会普及之前,教师教授实验方法(包括获取知情同意书)时,学生会说:"但是当我们向实验对象索取时,他们会说不"(Holmes,1997)。

是的，当病人有自由选择权时，只有少数研究可以拿到100%的同意书。所以如果在你的文章中经常见到这样的句子"All patients gave informed consent"，请再查看一下。也许你的意思是只有那些已经参加研究的病人。如果是这样的情况，请如实说出。

另一方面，如果你指的是那些所有满足参与条件的病人（被称为符合条件的患者），那么读者将会好奇病人是否真的被告知了治疗的副作用，并且他们是否得到了一份书面的知情同意书副本。

尽管内容很少，但是通常如下的文字就足够了（Jha *et al.*, 1998）：

> Patients were informed of the purpose of the trial and had to give their signed informed consent before being enrolled.

然后在结果部分提供有多少病人拒绝参与。如果你知道他们拒绝的理由，那么这些也应该写出来。但是请你记住，病人可以没有任何原因就说"不"。

现在我们来讨论随机对照实验。如果对照实验进行得恰当合理，它是比较治疗效果最可靠的方法。然而，这种实验报告经常忽略这种重要的实验设计细节。我们现在讨论其中的一些情况。

在报告中省略的随机对照实验

随机性

随机性意味着患者被分配到治疗组或对照组中是很偶然的（随机的）。但是如果只是说一项研究是随机的，而并没有给出实验是如何做到随机性的，那么这样的表述是不完全的。究其原因是所有随机化的方法很容易自觉或不自觉地被研究人员操控。受影响的程度根据各个实验方法而有所差异。如下面的两种方法被认为是最可靠的：给一个独立的中心打电话索取电脑随机数据；还有就是使用精心准备的信封，信封必须是封口的、不透明的、统一的、有序列号的。比较容易受到操控的方法，如单双号的生日或文件号码，应该被避免使用。所以读者需要知道研究是如何做的以正确地评估实验。如下面这个欧洲颈动脉手术实验者协作组织（European Carotid Surgery Trialists' Collaboration Group，1998）的例子：

> We randomised … by telephone to the Clinical Service Unit in Oxford. A computer program generated the randomization schedule … making it impossible for the local investigators to know whether the next allocation was going to be to surgery or control.

设盲

请指出使用的设盲方法。例如，当三方（患者，治疗医师和评估者）参与时，一些研究被划为三盲（triple-blind），其他的是双盲（double-blind）。1978年发表在《比利时外科学报》（*Acta Chirurgica Belgica*）上的一篇文章的标题为"*Double-blind study … on … rats*"，其中的双盲意味着什么？

此外，我们应该如何表示一项研究中只有评估者是设盲的，例如著名的链霉素治疗肺结核的实验（医学研究理事会，1948）。设盲这个词甚至都没有在文章中提及，作者仅仅描述了实验是如何做的：

> The ［X-ray］ films have been viewed by two radiologists and a clinician, each reading the films independently and not knowing if the films were of C ［control］ or S ［streptomycin］ cases. There was a fair agreement among the three; at a final session they met to

review and discuss films on which there had been difference of interpretation, and agreement was reached without difficulty on all films.

以上是一个描述如何完成设盲的详细报告。

患者的数目

在开始调查研究之前,应该先计算需要多少样本才可以显示差异。这里是发表在《英国医学杂志》(Morell *et al.*, 1998)上的关于腿部溃疡愈合研究的一个例子:

Sample size

To have an 80% chance of detecting as significant (at the 5% level) an increase in healing from 50% to 70%, 206 patients were required.

然而研究所需的患者数是指全部完成实验的患者数,而不是开始实验时的患者数。因此建议添加一个计算出的退出率,比如10%:

To allow for a 10% drop-out rate, 230 patients were enrolled.

样品量计算是研究设计中十分重要的部分,所以这个部分需要有一个单独的副标题。

让我们简略地谈谈动物研究。马修斯(Mathews)和萨科西亚尼(Sukhiani)(1997)发表在《美国兽医医学协会杂志》(*Journal of the American Veterinary Medical Association*)的关于狗肛瘘实验的文章是一个很好的研究设计例子。所需狗的量被计算出来,并且描述了如何随机分配狗到治疗组或对照组。在大部分动物实验中,这些信息都是缺失的。

清单

在1994年,两个专家小组分别发表了随机对照实验的详细清单。两年后这两个小组制作了统一的清单,即 CONSORT(报道实验的统一标准)。它细致地规定了哪些项目必须包含在报告中(Begg *et al*.,1996;Moher *et al*.,2001;CONSORT 网站,2001)。

第十四章　实验结果

由于随机对照实验的报告涵盖了科技写作原则的大部分方面，所以在本章中我用它作为例子。使用这种方式以避免乏味的重复。因此本章有两个部分：参与者的流程和后续，以及研究成果。

参与者的流程和后续

图 14.1 中如果第一个方块上方添加两个附加的方块并给出筛选和排除患者的数目，那么将使流程图看上去更有信息量。图 14.2 是含有这些信息的一个流程图。

25 624 个实验对象中只选用了 1 904 个。万一你需要做确认实验，这个信息将是有用的。在这篇文章的正文中给出了排除实验对象的详细原因。这些数据可以帮助读者评估患者选择过程中的潜在偏见。

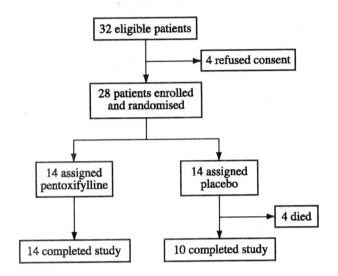

图 14.1　实验资料（经许可转载自 K. Sliwa，D. Skudicky，G. Candy，T. Wisenbaugh，P. Sareli，Randomised investigation of effects of pentoxifylline on left-ventricular performance in idiopathic dilated cardiomyopathy，*The Lancet* 1988；351（9109）：1091-3，《柳叶刀》有限公司版权所有）

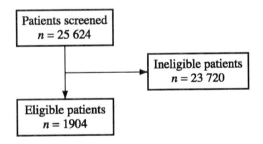

图 14.2　这部分流程图显示不少于 93% 的患者被剔除掉了（经许可转载自 The Publications Committee for the Trial of ORG 10172，in Acute Stroke Treatment ［TOAST］ Investigators. *JAMA*，April 22/29，279：1265-72. 美国医学协会版权所有，1998）

中途退出

退出率较高（比如15%以上）可以使研究结论无效（Lang and Secic,1977,24）。每组中途退出的数目和退出的原因应该分别报道。

此外,中途退出率应该在"意向性治疗"的基础上写在研究分析中。这一点通常被忽略并造成不正确的报道。如果你根本无视中途退出率,例如,如果他们退出的原因主要是新的治疗有副作用,那么随后的比较分析应该是基于患者倾向于这种治疗上的。因此,所有参与实验的患者应该在他们最初随机分配的组里进行分析,甚至包括那些没有得到预期治疗的患者和那些由于一些原因随后转到其他组进行治疗的患者。意向性治疗分析的使用应该在流程图中进行注释,例如图14.3的流程图所示。

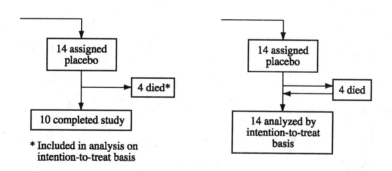

图14.3 图14.1右侧流程图的替代图,显示了基于意向性治疗的研究分析

失去参与者的跟踪研究

虽然完成了治疗,但是没有参与后续研究工作的患者很可能是关键的非典型性案例。他们可以是由于已经痊愈所以没有返回的患者,或者是因为死亡,或者由于病情未见好转而不想为不理想的治疗

效果而再次负担医疗费用。请描述他们最后一次进行治疗时的病情。

随机参与者的细节

在一个正在撰写的手稿中我看到了实验组的详细描述，但是对照实验的表述却是如下这样：

A control group of sixteen healthy volunteers underwent investigation in the same manner.

如此对于对照实验进行的描述太少是许多文章被拒稿的原因。对于对照实验应该完全像对于接受治疗的患者或者感染患者那样描述，如表14.1就是关于宫颈锥切除术后怀孕期间的研究。

Table 14.1 Clinical characteristic

Characteristics	Cases($n=64$)	Controls($n=64$)	P
Age at delivery(y)	31.3 ± 4.19	31.4 ± 4.15	NS
Primigravida	35(54.7%)	33(51.6%)	NS
Previous preterm delivery	2(3.1%)	3(4.7%)	NS
previous miscarriages	7(10.9%)	8(12.5%)	NS
Previous voluntary abortions	4(6.3%)	2(3.1%)	NS
Preeclampsia	2(3.1%)	1(1.6%)	NS
Operative vaginal delivery	13(20.3%)	12(18.8%)	NS
Cesarean delivery	9(14.1%)	16(25.0%)	NS

NS = not significant

Data presented as mean ± standard deviation or n(%).

Source: Reprinted from Raio *et al.*, with permission form the American College of Obstetricians and Gynecologists (*Obstetrics & Gynecology* 1997;90:978-82).

然而当使用实验数据与基线数据进行对比时要谨慎。因为关键的预后因素即便有很小的不平衡也会给治疗比较造成深远的影响，哪怕这种不平衡十分的不明显。因此显著性检测可以掩盖一个重要的失衡。因此除了统计分析外（一些专家认为是"替代统计分析"），需要将基线性质与临床经验以及常识来做比较（Altman，1985；Bailar，1986）。然后将你的研究发现写在正文中。因此这个表格中的 P 值可以被删除掉，并且将信息写在正文中，例如：

> There were no *clinically* meaningful differences between the groups in their baseline characteristics.

研 究 结 果

仔细阅读表格就可以获得的信息，请不要写在文字部分，以免重复。文字部分应该用来强调重要的研究发现并且按照重要性的降序来展示它们，主要研究发现应该写在前面。表格是用来报道实验结果的细节的。下面的文字则重复了表格的内容：

> As Table 1 shows, the mean ± SD of nocturnal plasma-melatonin concentrations was 19.0 pg/mL ± 11.9 in the 6 patients in the suicidal group and 45.5 pg/mL ± 27.1 in the 22 controls ($P < 0.05$).

没有重复书写的必要，只要陈述主要观点就行了：

> Patients with a history of attempted suicide had significantly lower nocturnal plasma-melatonin concentrations than did controls ($P < 0.05$) (Table 1).

一个确切的 P 值可以使说明更有信息量。表 14.2 是个很好的表格的一部分。它展示了置信区间和确切的 P 值，因此读者自己就可以判断研究结果的临床重要性。

Table 14.2 Outcome of treatment

Outcome	Number(%) of patients with outcome		Difference in percentage (95% CI)	P
	Ciprofloxacin $n=60$	Pivmecillinam $n=60$		
Clinical success	48(80%)	39(65%)	15.0(−0.7 to 30.8)	0.10
Bacteriological success	60(100%)	54(90%)	10.0(2.4 to 17.6)	0.03
[etc.]				

Source: Reproduced, with permission, from M. A. Salam, U. Dhar, W. A. Khan, M. L. Bennish, Randomised comparison of ciprofloxacin suspension and pivmecillinam for childhood shigellosis. *The Lancet* 1998;**352**(**9127**):522-7,© The Lancet Ltd.

当报道副作用时也要谨慎。它可以成为研究中最重要的部分。（药物是否可以导致严重的反胃现象，而患者因此将不使用此药？）因此，请详细描述药物的副作用就如同描述它的治疗作用一样。如果没有发现副作用，也请如实说明。

第十五章　讨论部分

　　第二次世界大战接近尾声时，巴顿将军命令他的坦克兵率先突破敌军的防线。他通过摩托电讯兵获得其他战线的即时战报。当摩托电讯兵从电报的最开始读起时，大多时候巴顿将军则要求他直接读最后的一行。

　　同样的道理，心急的读者也会先翻阅到讨论部分的最后一段。为什么会这样？很明显，因为在那里读者通常可以得到实验结果的完整结论。

　　但是没有一个被广泛使用的格式可以用来安排文章的各个部分，然后引出结论部分。所以我在洛根（Logan）等人（1993）发表的文章中找到了一个精心设计的讨论部分作为范例。基于这个例子我为讨论部分设计了一个结构，当你写到这一部分时可以拿它做为指导。这个结构有四个部分：主要信息，严格的评估，与其他研究的比较以及结论部分。让我们一步一步地进行讨论。

（1）主要信息：回答引言部分中提出的问题并且包含主要支持性证据。

然而通常讨论的开始段落不需要概括实验细节,关于这些细节读者已经被告知两遍了,一次是在摘要里,之后又在结论部分被提及。如下面的例子(想象一下,如果巴顿将军听到的是这个电报!)：

Discussion

Results of the first phase of this study show that men assigned to Hospital Corpsman and Mess Management Specialist occupations have the highest overall hospitalization rates across the three decades of a 30-year navy career. Rates also are elevated for the groups of Construction/Manufacturing, Deck, Ordnance, and Engineering/Hull while the lowest rates across the three decades are observed for the group of Miscellaneous/Technical, Electronics, and Administrative/Clerical.

现在将以上文字与下面的例子进行比较。下面的例子中洛根等人以回答引言部分提出的问题作为讨论部分的开头。

Discussion

Our data support the hypothesis that taking aspirin or other non-steroidal anti-inflammatory drugs protects against the development of colorectal cancer and suggest that it does so by reducing the prevalence of colorectal adenomas.

读到这里,读者也许想知道文章的讨论部分是否有效。因此这里正是讨论实验研究的优点和缺点的地方。

（2）严格的评估：那就是对所有研究设计缺点、方法限制、分析缺陷或假设的有效性的观点。

洛根等人将这一部分放在首要位置并给它一个独立的标题:

Bias and confounding

Could bias or confounding account for these findings?
……

无论是认可讨论部分的观点或依旧持怀疑态度,读者都想知道最新的研究发现与早前发表的工作是否一致。

(3)与其他研究的比较:请在这部分讨论研究不一致的地方。

如果你计划讨论几个观察结果,请从最显著的研究结果开始,接下来是次重要的,并以此类推。同理,从最显著的发现开始,并从与你的实验结果基本吻合的研究开始进行比较,然后考虑与你的结果次级吻合的研究,以此类推。最后以与你的发现相反的研究为结尾。

所有文字都讨论相似与差异。如果你不能解释观察结果之间的矛盾,你可以建议如何进行新的实验来解释这些差异。

完成这些比较后,洛根等人将讨论部分缩减为一个段落,并命名为"结论"。

(4)结论:这一部分表述的是对潜在的生物学的或临床意义的评价以及对未来研究的建议。

…Studies are now needed to confirm these findings, to determine how non-steroidal anti-inflammatory drugs might act, and particularly to see if [these] drugs can prevent the recurrence of adenoma or even cause sporadic adenomas to regress.

下面我将给出关于讨论部分的写作建议。

评价实验结果——而不是评价作者

考虑这段话:

> A simple but very keen-sighted observation was made in the Gothenburg study, namely, that there was a relationship between the waist to hip circumference ratio and myocardial infarction. [My translation from the Swedish.]

在我看来,这些研究人员做的唯一一件事情就是使用测量带。这样敏锐的观察是以什么方式进行的？读取测量带？而且为什么是"simple but"而不是"simple and"？貌似"simple"具有负面意义？我建议删掉前十个词："The Gothenburg study showed that …"

避免宣称优先权

我曾经看见过这样的一个讨论部分：

> Our study appears to be the first one in which an open-end catheter method was applied to the study of tubal motility in the primate.

一段时间过后,一位读者在给编辑的信中提到一些类似工作的已发表文章,称这位作者宣称的第一次为"知识剽窃"。就如同对于类人猿的研究那样[灵长类动物（primate）包括人类和类人猿],文章的作者回复到：

> The quotation about being the first study in the primate is obviously wrong. We … should of course have said *nonhuman primate*.

按照这一说法,大部分的研究可以被认定为"第一",因为大部分研究都有作者自己的设计。请试着在引言部分告诉读者你的研究设计是如何有别于以往的工作,通过这个方法来确立你的研究工作的新颖性,就像下面这个虚构的例子那样：

> Most studies have been made on humans; ours was made on apes.

然后告诉读者为什么这个方法有优越性。

参考文献——13个技巧

谈到这一点,让我们假设经过三年的艰苦工作你的研究工作已经完成。当你现在浏览近期发表的期刊,发现一篇文章的主题和你的非常相似,讨论同样的问题,具有同样的答案。

这时你被吓到了。你的第一反应是忽视这篇文章,心想"毕竟编辑和审稿人都太忙了,没有时间读这个期刊。"在那一刻,"参考文献——13个技巧"会在你耳边轻声说:"将它藏在讨论部分!"——意思是如果你在深度讨论部分的一个次要的小段落中提及这篇文章,那么它将有望被忽略(*BMJ editorial*,1985)。但是编辑和审稿人一定会发现它,因为他们也知道这个技巧。

你的这个引用应该作为参考文献 1 或者 2 放在引言部分。这并不意味着你的文章将失去其影响力;你的研究可以是个很重要的确认性研究。

下面是个常规的处理这一问题的例子。两个研究人员,卡门(Karman)和波茨(Potts)(1972)研究出了一个外科手术方法。后来当他们搜索文献时发现了一个相似的技术,这个技术已经在 35 年前使用俄文发表在了一个乌克兰的杂志上,并且没有英文摘要。他们两个人诚实地给予了最初的研究者以完全的肯定:

> Since the development of this apparatus it has come to our attention that Bykov developed an analogous procedure in 1927.[2]

第十六章　致谢部分

你不应忘记感谢那些切实帮助过你的人,尽管这些人的贡献不足以成为合作作者。这个感谢部分要比较具体。当我看到以下这个致谢时,使我感到困惑的是这些人到底做了什么(下面的姓是虚构的):

We thank C. Roe, D. Doe, and S. Poe.

在下面的例子中,每个人所做的事情就比较清楚:

We thank Betsy Roe and Gerri Doe for their assistance in preparing the data; William Poe for the medical photography; Marian Loe and David Coe for their critique of the findings of this study; and Fred Noe for reviewing the 200-μm and 400-μm specimens.

但请注意不要将你自己的工作说成是别人做的,否则读者将会对你的贡献是什么感到困惑。

大家经常使用的"wish to thank"可以缩减为"thank"。在致谢部分中避免使用职业或荣誉头衔。以上的例子就是根据这一原则撰写的,其中也说明了要列出被致谢人的名字。

你应该事先征求被致谢人的意见,看他们是否希望出现在致谢部分以及他们是否认可你的措辞。这是因为有些同事虽然阅读并修改了你的手稿,但是他们或许并不同意其中的中心观点,对他们进行致谢就意味着他们认同这篇文章的内容。

务必要感谢给予经济资助的机构

当你感谢经济资助来源时,请注意他们的名字拼写。如下面这个例子,如果这个基金的名称不是用期刊规定的语言写的。

The study was supported by "Kronprisessan Margaretas Arbetsnämnd för synskadade."

那么你应该使用翻译版本:

The study was supported by Crown Princess Margareta's Working Group for the Visually Handicapped.

或者出于礼貌,在原名后加翻译名并用方括弧括起来:

The study was supported by " Kronprinsessan Margaretas Arbetsnämnd för synskadade " [Crown Princess Margareta's Working Group for the Visually Handicapped.]

但是不要感谢那些多年前资助过你的基金,只需感谢那些资助你当前论文上的研究工作的基金。因为如同研究团队之间有竞争关系一样,基金之间也是如此。并且假如只有某一个基金资助了该科研工作,那么你应该给予这个基金以应得的完全荣誉。

请注意,一些期刊要求在标题页提及资助组织的名字,而不是将它们包含在致谢部分。

第十七章 参考文献

科技期刊的文献格式曾经有超过 250 种之多（Garfield，1986），因此一些主要的生物医学期刊的编辑于 1978 年 1 月在加拿大的温哥华召开会议并整理出一套统一的文献格式。其中的一个建议是作者应该将文献按照它们在文章中出现的顺序依次排序（国际医学期刊编辑委员会，1997）。

温哥华格式还是哈佛格式[*]？

尽管许多主要的生物医学期刊采用温哥华格式，但是其中一些期刊仍然倾向于使用哈佛格式［1881 年由一位哈佛大学的动物学家首次使用（Chernin，1988）］，即在文章中引用作者的名字和发表时间。在以下一个虚构的句子中，我将这两种格式混合在一起使用以

---

[*] 温哥华格式现译为顺序编码制，哈佛格式现译为著者-出版年制。

展示他们之间的差别：

> A reference figure (17) in the Vancouver style says less than a name-and-year reference (Einstein 1941) according to the Harvard system.

大部分读者倾向于哈佛格式，因为他们喜欢在阅读文章的同时了解是哪一位作者被引用了。同样这种名字/年份的格式也有弊端：当读者在参考文献部分看到一个感兴趣的文献时，他很难在文章中找到相应的引用位置；而且更重要的是，一段文字会被大量的参考文献打断，如下面的这个例子(Bengtsson，1968)：

> This method was introduced by Aburel in 1938, but he was followed by only a few workers in the succeeding 20 years (Bommelaer 1948; Cioc 1948; Kosowski 1949; de Watteville and d'Enst 1950). During the 1960's, however, hypertonic saline has been increasingly employed (Bengtsson and Csapo 1962; Jaffin *et al*. 1962; Wagner *et al*. 1962; Larsson-Cohn 1964; Møller *et al*. 1964; Sciarra *et al*. 1964; Wiqvist and Eriksson 1964; Bora 1965; Short *et al*. 1965; Turnbull and Andersson 1965; Wagatsuma 1965; Cameron and Dayan 1966; Gochberg and Reid 1966; Klopper *et al*. 1966; Christie *et al*. 1966; Ruttner 1966; Olsen *et al*. 1967).

如果使用温哥华格式，上面的文字部分可以被缩减到大约原长的三分之一：

> This method was introduced by Aburel in 1938,[1] but he was followed by only a few workers in the succeeding 20 years.[2-5] During the 1960s, however, hypertonic saline has been increasingly employed.[6-22]

如上面所示，尽管使用的是温哥华格式，名字和年份等重要信息可以用文字描述出来。然而，你还必须遵循投稿期刊的规定，所以请认真阅读最新版的作者须知。

假如现在你准备提交论文,在这一刻你发现使用了不恰当的引用格式,在如今的技术下这并不是灾难。采用合适的电脑软件,通过按几个按键你就可以将参考文献变成你选择的格式,可以将人名换成数字(反之亦然)。

下面我将用两页纸的篇幅细致说明如何用温哥华和哈佛系统撰写文献以及参考文献列表。我也将借此机会说明如何提及未发表的实验结果和私人信件。

温哥华系统——又称顺序编码制

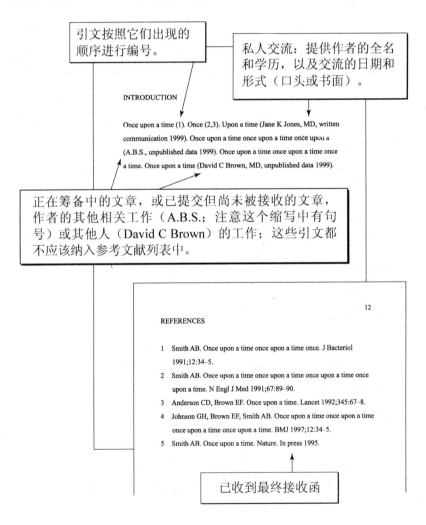

哈佛系统——又称著者-出版年制

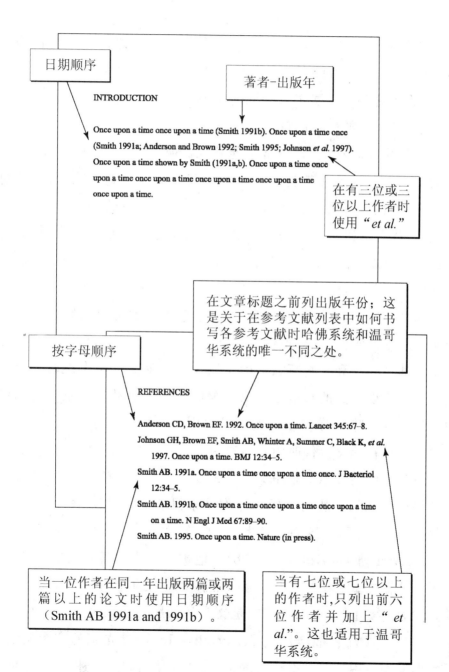

参考文献和引文的准确性

当我刚开始做编辑工作的时候,我尽量自己评估每一篇投稿文章的内容(除了随后由审稿人做出的评估)。如果我对这个学科不太了解,那么我就在阅读文章的同时将参考文献列表中的关键引文标记出来,然后试着获取它们。

而我惊讶地发现,我经常不能获取到某篇参考文献。在一些提交的文章中每两篇文献就有一篇不能直接被搜索到。然而,通过期刊的卷号索引,我可以找到其中的一些,但是它们使用了错误的年份、卷号或者页码。在我检索到的文献中,还有其他的错误,其中包括错误的标题、错误的作者、错误的作者姓名拼写或者更严重的是错误地引用了其他作者的研究结果。

作者做些什么可以使引文更加准确?大多数的引文错误可以通过再次阅读文章的引文而避免,因此永远不要仅凭个人的记忆引用文章!通过检查和复查新添的引文以及从电脑文献库中提取的引文可以减少错误引文的数量。甚至从 MEDLINE 下载的文献也可能存在错误!这意味着你应该始终有一份引文的副本在手上。(有些期刊要求作者在提交稿件时附上所有引文首页的复印件!)

只有当原始文献无法获取时,从另一篇文章提供的信息进行引用才是被允许的。然而引用一篇你从来没有看过的文章是危险的,正如下面的例子。近 50 年来,一些英文论文的作者均提及到 O. Uplavici 博士(Dobbel,1938)。他被认为是一篇捷克语文章的作者。这篇文章首次报道了经实验证明阿米巴痢疾是由人传染到猫的。然而事实上"O úplavici"却是文章的标题,意思是痢疾。第一位引用这篇文章的作者卡土里斯(Kartulis,1887)首先犯的这个错误。因此如果你引用一篇没有读过的文章,建议使用如下表述:

> Amebic dysentery was successfully transmitted from man to cat (Uplavici 1887, cited by Kartulis 1887).

因此卡土里斯要为他写的"Uplavici 说"而负责。(原始的"O úplavici"文章是由 Jaroslav Hlava 于 1887 年写的。)

当你有其他选择的时候,请避免引用不易获取的文献;许多图书和大部分的会议摘要就属于这一类。特别不提倡引用摘要,因为其中只有大约三分之一能够对应同行评议的研究论文(Liu,1996)。一些期刊甚至不再允许引用摘要。

你自己的作者名

请在你的职业生涯早期就决定你自己的名字格式。如果你的名字很普遍,那么请使用你的中间名字的首字母以区别于其他科学家,这可能是个明智的选择。如果你并不确定的话,可以在 MEDLINE 中搜索,然后决定是否应该使用首字母。

如果你更改了姓氏,并且开始使用新的名字作为你的作者名,那么将难以追踪你以前的研究工作。因此请坚持使用你发表的第一篇论文所用的作者名(van Loon,1997)。

与一些亚洲国家相比,西方国家的人名问题就不算什么了。在这里我只提一个中国人名的例子。[《科学风格与格式》(*Scientific style and Format*)一书提供了有关这一问题的更多细节,1994,136-7。]

中 国 人 名

区分中国人的名字特别麻烦,因为他们共用姓氏的人太多。11 个最被经常使用的姓氏占到了整个人口的 40%(Xu ZhaoRan and Nicolson,1992)。这意味着这几个姓氏中的每一个都有 420 万人在

使用！因此要区分他们的名字你必须在文献列表中将名字全部拼写出来。（中国人的名总是放在最后面，因此名是在姓的后面。）因此

  Deng X.

  Jiang Z.

用如下表示方式将更容易被识别：

  Deng Xiaoping

  Jiang Zemin

  为了表述得更清晰，两位作家（Sun Xiao-Ling and Zhou Jing, 2002）建议中国作者使用大写字母表示姓，用连字符断开两个音节的名。而许多在香港和美国的中国人则使用混合名称，即用西方的名字作为名，比如 Tony K. H. Chung 和 Felix W. S. Wong。这样的名字相当于西方的表述方式：Chung, T. K. H., Wong, F. W. S.。*

匿　　名

  至少在以下两种情况中，你可能不得不使用无名作者：一个是涉及到中国"文化大革命"期间发表的文章，并且多年后没有作者被允许出现在作者栏中；另一个是未署名的编者按。尽管在这些情况下人们经常使用匿名，但是如果采用如下的表述方法就可以传达出更多的内容。

  这里有一个来自中国的例子。一篇被多次引用的具有开创性的文章报道了第一例临床应用胎盘切片检查。而中国医药方面的文章，如果没有作者名，那么就给出作者所在医院的名字，这种方式可以作为参考文献的引用方式，例如下面（哈佛格式）：

---

* 本书中人名及参考文献的格式均参照外文原书，未改动。

(Tietung Hospital 1975)

而温哥华格式为：

In 1975，Tietung Hospital（7）reported…

在你的文献列表中应该显示为（哈佛格式）：

Tietung Hospital. 1975. Fetal sex prediction by sex chromatin of chorionic villi cells during early pregnancy. *Chin Med J* 1：117-26.

一篇未署名的文章可以在正文中按如下格式被引用：

(*Nature* editorial 2006)

在文献列表中这样表示：

Nature editorial. 2006. Save the lungfish. An Australian dam project threatens a living fossil. 442：224.

未署名的编者按或者其他文章也可以在文中引用标题的前几个字：

(Save the lungfish 2006)

并且在文献列表中表示如下：

Save the lungfish. An Australian dam project threatens a living fossil [editorial]. 2006. *Nature* 442：224.

在一般情况下科技写作要避免援引匿名作者的文章。

引文标题的语言

我曾经见到过一篇手稿，作者列出的前七篇文献使用了五种语言：保加利亚语、匈牙利语、意大利语、德语和英语。如果使用一种语言将更易阅读。选择一种读者们都能阅读的语言。让我们看看上面所提到的保加利亚语文献：

Tanchev S, Asparuhov A, Tanchev P, Gramcheva O. Vurkhu vuzstanoviavaneto sled rodova fractura na kliuchitsata. Akush Ginecol (Sofia) 1987;26:49-XX.

由于期刊的语言是英语,保加利亚语就需要翻译成英语。翻译后的标题放到中括号中,附加信息放到小括号里。(下面是以上的文献改成温哥华模式后的格式。)

Tančev S, Asparuhov A, Tančev P, Gramčeva O. [Healing of fractured clavicle in newborns] (In Bulgarian with English abstract) Akush Ginecol (Sofia) 1987;26:49-XX.

请注意在重写作者名时我在字母 c 上放了变音符号(替换了 ch),这是作者自己在英文摘要中所使用的格式。这么做是出于礼貌。如果你的计算机不能显示这些符号,那么请手动插入这些符号并旁注这一改动,同时在附信中告知编辑。

你也可以在提供非英语标题的同时提供一份英文翻译标题:

Svedin G. Transkutan nervstimulering som smätlindring vid förlossning. [Transcutaneous electrical nerve stimulation for analgesia in childbirth.] (In Swedish with English abstract.) Läkartidningen 1979;76:1946-8.

期 刊 名 字

请根据《医学索引》(*Index Medicus*)使用期刊的名称缩写(www.nlm.nih.gov)。如果一个期刊在《医学索引》中没有被列出缩写(大约四分之三的生物医学期刊都没有被列出),那么请拼出期刊的全称。

如何引用万维网信息

由于在你浏览之后此网页可能会被更新甚至消失,所以在引用网页时应该给出你访问该网站的日期并且保留打印副本。目前对援引电子材料并没有明确的规则。请参考你要投稿的期刊所给出的作者说明。在这本书的大部分文献中我使用了如下的格式:

Animal Info. 2002. Information on rare, threatened and endangered mammals. Severna Park (MD): Animal info. www.animalinfo.org (accessed 2 February 2002).

第十八章 哲学博士以及其他博士论文

哲学博士学位(Philosophiae Doctor,Ph.D.)是大学里最高的学位。获得这个学位需要写博士论文并且需要答辩。

目前没有一个被普遍接受的论文书写要求。各国的论文格式不尽相同,"各个研究所,甚至同一个研究机构的同一个系的不同教授的要求都不尽相同"(Day and Gastel,2006)。

然而论文还是可以分为两种形式:专著和汇编。专著是最常见的形式,特别是在人文学科、神学和法律。而汇编越来越多的应用于医药、技术和自然学科。

汇编论文:未来的论文形式

汇编论文的文章需要"已经通过国际同行评审,这可能比地方委员会更权威"(Carling，2006)。这种形式在阿根廷、澳大利亚、印度、日本、美国，以及捷克共和国、芬兰、德国、荷兰、挪威、西班牙和瑞典等欧洲国家被普遍使用,在英国允许使用但不常见(Burrough-Boenisch，2006)。

汇编有两种类型。一种是把转载文章放在引言和总结章节中间;另一种是把转载文章附加在其内容总结的文字里。这两种类型都已发表或可以发表在权威期刊上,汇编常常有多位作者署名,此博士生往往为第一作者。文章类型如果是汇编型,其中包含的总结部分缺少正式名称,那么我建议使用论文概要总结。

本书的其他部分描述了一般论文写作的许多细节。因此为了避免乏味的重复,我在这里将只讨论与一般论文不同的内容。这里的建议也适用于其他类型的博士和研究生学位论文。

参　与　者

如今大多数研究者都在一个研究组里工作。你必须尽你最大的努力表述清楚哪些部分的工作是你做的。评审会很想知道你在研究设计、数据采集、数据分析,特别是手稿写作中做了多少贡献。表18.1是一个典型的论文参与者列表,见下面的传真文件(Theander，2005)。

表18.1　博士论文参与者列表(Elke Theander 的传真,2005,已获得授权)

Living and Dying with Primary Sjögren's Syndrome		11
Contributions to the papers		
Study design	Paper Ⅰ	Elke Theander
		Ingrid Nilsson
	Paper Ⅱ	Rolf Manthorpe
		David Horrobin

Contributions to the papers		
	Paper III	Elke Theander
		Lennart Jacobsson
	Paper IV	Elke Theander
		Lennart Jacobsson
	Paper V	Elke Theander
		Lennart Jacobsson
Data collection	Paper I	Ingrid Nilsson
		Elke Theander
		Rolf Manthorpe
	Paper II	Elke Theander
		Rolf Manthorpe
	Paper III	Elke Theander
	Paper IV	Elke Theander
		Rolf Manthorpe
		Otto Ljungberg
	Paper V	Elke Theander
		Rolf Manthorpe
Data analysis	Paper I	Elke Theander
	Paper II	Elke Theander
		Jan Åke Nilsson
	Paper III	Elke Theander
	Paper IV	Elke Theander
		Anna Bladström
	Paper V	Elke Theander
		Henrik Månsson
	All papers	statistical advice by Jan Åke Nillson
Manuscript writing	All papers	Elke Theander

续表

Contributions to the papers		
Manuscript revision	Paper Ⅰ	Lennart Jacobsson
		Rolf Manthorpe
		Ingrid Nilsson
	Paper Ⅱ	Torkel Wadström
		Rolf Manthorpe
		David Horrobin
		Lennart Jacobsson
	Paper Ⅲ	Lennart Jacobsson
		Sven Ingmar Andersson
		Rolf Manthorpe
	Paper Ⅳ	Lennart Jacobsson
		Gunnel Henriksson
		Otto Ljungberg
		Rolf Manthorpe
	Paper Ⅴ	Lennart Jacobsson
		Rolf Manthorpe
Language revision	Papers	Dorothy Björklund
	Thesis	Helen Sheppard

论 文 一 览

论文一览可以说是摘要的摘要，它对读者是非常有用的。下面是一个范例的其中一部分(Theander，2005)：

Paper Ⅱ — Does treatment with gammalinolenic acid (GLA) alleviate fatigue and glandular dysfunction in primary Sjögren's syndrome?

Patients：90 patients (+30 in pilor trial).

Methods：Double-blind placebo-controlled rando-mized

trial.

Conclusions：GLA［had］no effect on fatigue or glandular signs and symptoms.

总 体 介 绍

你可能是在这个星球上比任何人都更了解自己的研究小领域的人，所以你的总体介绍应该是具有很强可读性的文字。如果有关联的话，你的开篇语可以追述到数百万年，就如同这篇关于在医学诊断中使用超声波的论文介绍这样（Andolf，1989）：

For millions of years, bats and dolphins have used ultrasound as a method for localization. It was not until 1912, when the Titanic catastrophe occurred, that scientists proposed that man as well should use ultrasound … In Lund in 1953, the cardiologist Inge Edler ［and］the physicist Helmut Herz ［made observations that led to］the application of ultrasound in the medical field.

本文的概述甚至非专业人士都可以理解。例如巴然陶（Baranto，2005）使用18页的篇幅来向读者介绍脊柱的解剖结构、功能及其可能出现的退行性改变。这些是在一本教科书中用插图的形式进行说明的。我极力推荐这一做法。

目 的

用一句简短的话描述每一个目的往往会不充分。在这个部分里不要使用缩写；如果你在这里用了缩写，那么你需要对缩写进行说明。一位非本专业的读者也许会觉得以下的目的部分不够清楚（引自一篇论文）：

• to elucidate the [presence of] urogenital carriage of GBS in mothers of GBS infected infants and/or in GBS colonized women giving birth to neonatally healthy infants, with respect to …

但是下面这个目的部分就很清晰（Christensen，1980）：

• to elucidate the presence of group B streptococci (GBS) in the urogenital tract among adults;

方法和结果

在1973年5月我刚刚完成毕业论文的时候，也正是要做概述的时候。一位资深的同事建议我一手拿着稿纸、剪刀和胶带，而另一手拿着一瓶白兰地，找个安静的地方剪切粘贴概述部分。（在那些日子里我们没有任何文字处理器！）他的建议的着眼点是方法和结果部分很可能已经被撰写过了，但是如果你套用原有的内容，那么就需要以新的方式描述。如果你不这样做，则需要用引号引起借用的部分。复述原有的内容是困难的，尤其是在方法部分。所以我建议用以下的方法来代替。

由于你已经在方法和结果部分中描述了细节，所以专业领域的读者将在论文中查看有关内容。相反，在概述部分这些内容的表述是非专业水平的，所以选择类似于你在午餐时与其他专业的同事讨论这些部分时所使用的语言。

如果你有一组共用的患者或样品，请用流程图展示他们是如何被分配到不同的研究中的。如果你有两个共用的数据组，请分别创建两个流程图。循环图也可以以类似的方式使用，用圆圈的大小对应患者或样品的数目。重叠的圆圈可以用于表示一些研究的共同部分。请用表格展示基于不同患者和样品的研究结果。设计简单的图来解释你的实验方法。将一篇以上文章的数据总结成表格有助于解释实验结果。

彩色照片或图表被认为对文章有提升作用,但是必须能补充一些信息而不仅仅是作为装饰。如果你发表的文章中有彩色图片,那么毕业论文的概述部分用较便宜的黑白照片就足够了——前提是你觉得有必要再现这些图片。

一般性讨论

毕业论文的一般性讨论需要与发表文章的讨论部分稍微不同,所以你必须同时考虑整体和各个部分。讨论的每个单独部分使用一个新的副标题,并以解释如何实现你的实验目的为一般性讨论的开头。下面是一篇论文(Bergström,1994)中的一个实验目的:

- To develop a technique for subretinal transplantation of retinal cells …

并且一般性讨论的开篇如下:

The transplantation procedure

The subretinal transplantation technique that we have developed has turned out to be easy to use and [gave] good and consistent results.

这段文字的优点在于作者使用了与实验目的部分几乎一样的措辞。

致 谢

如果你为写毕业论文的最后这一部分而发愁,那么以下这些致谢也许可以解决问题（姓是虚构的；Azem，2005）：

Acknowledgments

Thanks …

My supervisors Ann-Mari Soe and Samuel Loe for supporting and inspiring me, and sharing their great knowledge in mucosal immunology. Present and former colleagues, collaborators, students, professors, and administrators & technical staff for [contributions to] this thesis.

This study was supported by grants from …

这样写要比没有致谢好，我只遇到过一篇毕业论文没有致谢部分。

然而大部分的致谢都使用传统格式，即分别感谢的书写方式。但不要仅仅感谢同事"for helping me with a lot of work"，请告诉读者她具体做了什么，如"Ewa … for showing me how to perfuse rat livers"。尽管如今大部分作者使用电脑软件自己创建插图，但是还是有一些人会请专业的画家画图。如果是这样的话，请不要忘记感谢画家。曾经有一位画家给我看了一本植物学教科书，是她给那本书做的插图。她说她将自己的灵魂都放到里面了，但是书后的致谢部分却没提到她。另外，统计人员因为做了校对工作，所以如果你写一句"Jan Doe, for guiding me through the jungle of statistics"，那么他也会感谢你的。

你本人是毕业论文的编辑，你可以在没有得到别人的许可下写毕业论文的致谢部分，发表的文章则是相反。但是你必须绝对确定被致谢的人会允许使用一些特定字眼，比如：

… Yvette Soe, for preparing good fillets of beef; …

封 面 图 片

如果你有一个封面图片，那么请在开头的几页里介绍制图的摄影师或画家。这里是一个例子(Naylor，2005)：

Cover picture：A ［…］ rat that has been under too much stress (left). In comparison，an ［…］ exercising rat that is alert and ready for the next challenge.

Illustration by Joen Wetterholm.

下面是相应的图片（图 18.1），这两个老鼠展现了毕业论文的精髓。

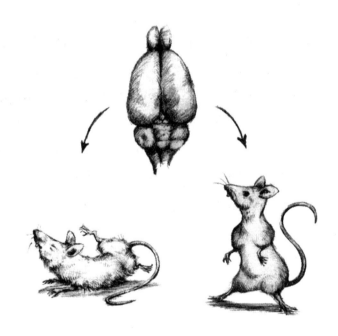

图 18.1　封面插图（经作者许可转载自 Andrew S. Naylor，2005 年；由 Joen Wetterholm，JoenArt 绘制）

重新审视

我重新审视了 2005 年发表在瑞典生物医学领域的 100 篇毕业论文。平均每篇毕业论文是基于四篇发表文章的研究。通常博士生是第一作者；主要导师排在最后。少数几篇论文的作者超过 6 位。四篇文章中，两篇是已经发表了的，另外两篇是正在印刷、投稿或还在撰写阶段的。粗略地说，毕业论文有 55 页纸（不包括参考文献部分），平均有 170 篇参考文献。

总观毕业论文的结构

大多数类型的科技写作是高度结构化的。毕业论文写作却不是这样，你可以先写最有可能被阅读的部分，例如摘要以及致谢部分你可以使用母语来进行总结。每一部分使用一页的篇幅，如果你能控制你自己的话，那么只使用纸张的一面，留下另一面为空白。这将给你的毕业论文一个诱人的开篇。我是在一篇科技论文（Synnergren，2005）中发现这一方法的。下面是一篇毕业论文的总体的标题和排序列表。展示完列表我将提供一些进一步的意见。

Abstract

Summary in your native language

Acknowledgments

Contents

Abbreviations

Glossary (or Definitions)

List of papers

Contributors to the papers

Thesis at a glance
General introduction
Aims
Methods (or Materials and methods)
Results (or Results and comments)
General discussion
Conclusions
Clinical implications [if relevant]
Implications for further research
References
Papers I —

在以上这个列表中，Glossary 部分是定义毕业论文中没有给出解释的词汇，因为这些词汇对于专业人士来说太熟悉了，比如 Glial cells。如果告诉读者其意思是支撑结构的神经组织细胞，那么非专业读者将会非常感激你。这个例子是从一篇毕业论文（Andersson Grönlund，2005）中两页篇幅的词汇表中摘取的。

你可以在 Definitions 部分解释例如早产儿这些对专业人士来说意思很明确但是对非专业读者就不清楚的词汇；因此需要进行解释——分娩早于 36 周。

我已经粗略表述并强烈建议使用 Contributors to the papers 和 Thesis at a glance 章节。

当人类作为实验对象时，Materials and methods 中的 Materials 应该改为 Patients or Subjects。

第十九章 信件和病例报告

沙利度胺信

一位妇女怀孕晚期的 X 射线图像显示胎儿没有胳臂。"我们在一生中总能见到这样的事情,但是在这几个月内我已经见到两次了。"一位放射科医师说道。关于类似缺陷有所增加的传言频繁出现,并且诱因不明。

大约两个月之后,即 1961 年 12 月,《柳叶刀》刊登了一封信,信中指出怀孕初期的妇女如果使用沙利度胺抑制清晨呕吐的话,经常会出现小孩四肢缺陷或畸形的现象(McBride,1961)。虽然这封信只有 15 行,并以下面的问题结尾:

> Have any of your readers seen similar abnormalities in babies delivered of women who have taken this drug during pregnancy?

但是反响非常强烈。最终在近50个国家里发现了1万多名婴儿有类似的缺陷(Thalidomide，UK，2006)。在这封信发表之后，该药物立即在全球范围内被禁用。这封信算是自1940年《柳叶刀》发表青霉素的价值之后又一个具有里程碑意义的文章(www.thelancet.com，2006年12月9日)。

信的格式和篇幅

正如沙利度胺的信这样，信件应该是简明扼要的。信的格式几乎都是一样的：标题；称呼，例如"To the Editor"；信件本身没有副标题和文献列表。只有当图表对信件很重要时，你才可以加一个图或表，并且这种增加了图表的信件才能被接收。各个期刊对信件篇幅的要求都不一样，查阅作者指南就可以得到进一步的信息。

信件有两种类型：讨论最近发表的文章以及描述初期研究的文章。讨论最近发表的文章的信件通常是将编辑人员发给文章作者的信件以及作者的回复信件合并在一起发表。描述初期研究的信件一般是简短的最新研究成果报告，此成果可能会激发进一步的研究。

将一篇文章转换为信件

我有一个明显狂妄自大的例子。我曾经给《柳叶刀》投了一份只有一位病人数据的全文文章。当然，这篇文章被拒稿了。但是编辑给我和我的同事一个缩减成信件发表的机会。

原文文字部分有12页，两个表格，14个参考文献。我们决定只有当期刊可以保留每一个重要信息的前提下才能接受以信件形式发表这篇文章，而《柳叶刀》也的确这样做了(Hoyer et al.，1979)。对原文的大幅删减使我们明白了原先的文章形式有时可能是不经济的呈现方式。

病 例 报 告

理论上一个病例报告应该提出一个假设并可被其他人测试。例如雌激素和子宫内膜癌的关联(Fremont-Smith *et al.*，1946)以及避孕药和高血压之间的关联(Woods，1967)最初是在个案中被提出来的，后来引出了对照实验的研究并确认了最初的假设。

不幸的是，大部分投到期刊的病例报告只不过是一个众所周知的异常状况下的另一个观测现象。这种病例应该在部门研讨会上进行展示。

常见的副标题"*A review of the literature*"是不恰当的。因为病例报告太简短(一般文字部分只有两页)，这样的篇幅甚至容不下微型综述。年轻的作者(通常是初级作者)难道不能另写一篇综述文章吗？不能，公认的专家们经常是收到邀请后才写综述的。他或她应该有丰富的经验来评估文章，强调好的，提及其他的，并且最重要的是要有勇气排除那些低于标准的研究工作。综述可能会包含数百个参考文献，而当你需要限制文献目录的时候经常会引用综述文章——那么这时你必须能够依靠他们。

因此，什么样的病例报告才能进行同行评议？最有可能的是制订一个可检验的假设的报告，或是那些具有新的贡献的报告——例如新的诊断工具或是新的治疗方法。当然还有就是有新的观察现象的病例报告。

病例报告的格式和篇幅

如果你有情况需要汇报，那就写病例报告。结构和大小因期刊而异。具体要求参见期刊的作者须知。通常简短的介绍之后就是病例内容(标题是"*Case report*")。接下来是简短的讨论和文献列表。

粗略地说,正文篇幅限制在两页纸(双行间隔),五个参考文献和一个图或表。为了节省空间,只展示相关的发现。并且不要给出全部的正常血清的电解质和白细胞的总数。为了限制参考书目的数量,尽量引用综述文献。

曾有一个病例报告有六个图,而投稿的期刊只允许有一个图,这个病例报告就被拒稿了。这位作者很快将图1～6改为图1,a～f,图的内容不变并再次投稿!这不是笑话,这位作者也许以为可以骗过疲劳过度的编辑。

另一个病例报告是讨论在一次例行腹部手术中所观察的现象。这个报告阐明了这一领域的新观点,因此值得出版。然而报告有七位作者——作者太多以至于在手术台边很难找到空间。稿件被退到通讯作者手中并要求通讯作者明确每个作者的贡献。然而他再次提交的稿件中七位作者中的五位被删掉了,然后这份稿件就被接收了。一个病例报告很少需要两个以上的作者,一位作者观察现象,如果有必要的话另一位作者则指导写作。

第二十章 数字

低于 10 的数字一直以来都是全拼出来的,如《新闻周刊》(Ridley,2003)的这个例子所显示的这样:

  … a rat has seven neck and 13 thoracic vertebrae, a chicken 14 and seven …

但是,目前大多数情况下,权威的学术风格是将所有的数字都用阿拉伯数字表示出来,而不是拼写出来:

  … a rat has 7 neck and 13 thoracic vertebrae, a chicken 14 and 7 …

然而我们还是应该将句子开头的数字拼写出来。以下例子是来自一篇发表文章的摘要:

  Three thousand eight hundred and seventy-six mothers were examined by ultrasound at 7 – 12 weeks of gestation. One hundred and sixty-six (4.3%) were found to have a dead fetus.

但是许多读者发现难以把握文字中的大量数字,正如上面例子中所示的这样。注意如果将数字放到中间某处,改写后的句子则更易于理解:

Ultrasound examination of 3 876 women at 7-12 weeks of gestation showed that 166 (4.3%) had a dead fetus.

并排的两个数字

将没有关联的数字并列起来会使读者感到疑惑,正如 Mosteller (1992)写的这个例子:

This group of patients with leukemia had an average white-cell count of 257, 112 lymphocytes and 145 other types.

将数字分开后:

This group of patients with leukemia had an average white-cell count of 257, of which 112 were lymphocytes and 145 other types.

这里是另一个使人疑惑的例子:

2 500-mg tablets

请将容易用语言表述的数字拼写出来,并且保留其他数字的原有形式:

two 500-mg tablets

小 数 点

英语里的小数点是一个点,而不是逗号:

> 0.3（不是 0,3）

在小数点前使用零：

> 0.3（不是.3）

千　位

美国和英国用逗号分隔千位。然而许多非英语国家逗号的作用是小数点。为了避免国际读者的混乱，生物学编辑格式手册委员会理事会（the Council of Biology Editors' Style Manual Committee，1994,196）建议在英语写作中使用空格来标千位：

> 12 345（不是 12,345）

并不是所有的期刊都采用空格。尊重这些期刊的编辑，请使用他们的格式。

有多个零的数字

现代标准单位每一千位则上升或下降一个单位。因此很容易找到一个合适的单位以除去多余的零：

> 3μL（不是 0.003 mL）

其他情况下可以使用乘法（指数）：

> 1.6×10^9 bacteria per mL

尽管改写数字可以避免使用乘法：

> 12 million inhabitants（不是 12×10^6 inhabitants）

但是不要在科技论文中使用"billion"；它在美国的意思是 10^9，而在大多数欧洲国家则是 10^{12} 的意思。

分 数 单 位

你可以使用一个斜杠(/)来表示单位：

km/h

但不能用两个或更多。因此"milligram per kilogram per hour"最好用负指数表示：

mg · kg^{-1} · h^{-1}(不是 mg/kg/h)

也许一些读者并不熟悉负指数的表示形式。例如当一个兽医看到喂给奶牛 10 kg · day^{-1} 的饲料时或许他会以为是在夜间喂养(Lindsay，1989)。

然而负指数会被继续使用下去，我们必须习惯使用它。

百 分 比

我曾经见到一份正在准备的手稿中提到 5% 的间歇性跛行的患者有每周一次的家政服务。我怀疑社会如何负担得了为这些相对轻度障碍的患者提供如此奢侈的服务。然后我发现文中患者的总数不超过 20 个。因此事实上只有一位病人曾接受这个服务！

表述模式中有两种错误：原始数据丢失和患者样本太少以至于不能用百分数表示。

下面是一些关于在科技写作中使用百分比的惯例：

(1) 如果总数小于某个数，例如 25，就不应该使用百分比。

(2) 如果总数是在 25 和 100 之间，百分比应该没有小数部分(7%，而不是 7.2%)。

(3) 如果总数是在 100 和 100 000 之间，可加小数点后一位，而且只加一位(7.2%，而不是 7.23%)。

（4）只有总数超过 100 000 可以加小数点后两位(7.23%)。

（5）应该始终给出原始数据：

Death occurred in 209（7.2%）of the 2 901 patients.

请注意应将原始数据放在首要位置，所以该百分比是在括号中，而不是 7.2%(209)。

（6）原始数据永远都不应该用斜杠表示。因此不是 209/2 901 (7.2%)。

舍入两位有效数字

Ehrenberg(1977)认为具有两位有效数字的数字之间比较容易进行比较。(最后的零并不碍事，因为人眼很容易就将它们过滤掉了。)比较以下这两句话：

（1）Between 1970 and 1975 the number of legally performed abortions in Sweden increased, from 17 134 to 33 926.

（2）Between 1970 and 1975 the number of legally performed abortions in Sweden increased, from about 17 000 to about 34 000.

在第二句话中数字已经四舍五入到两位有效数字，并且数字之间的两倍关系比第一句更加清晰。然而当确切数字事关重要时并不推荐使用这种硬性的四舍五入，但是有些地方也是可以使用的，例如在讨论部分(见第八章"四舍五入")。

列 举

括号内的数字通常是用来列举的，如下面这个《动物信息》

（*Animal Info*，2002）的例子：

Animal Info（2002）lists three mammals as endangered in Afghanistan：（1）snow leopard，（2）markhor, a member of the goat family（not recently confirmed），and (3) tiger（may be extinct here）.

但是如果文章中的文献是编号的，为了避免混淆括号内的内容必需使用斜体字母：

Animal Info(*1*) lists three mammals as endangered in Afghanistan：(*a*) snow leopard，(*b*) markhor, a member of the goat family (not recently confirmed), and (*c*) tiger (may be extinct here).

"often"是什么意思？

当文章呈现数值数据时，文字描述比实际的数字更易被读者理解。但是，要小心！当要求51个通晓英语的研究人员量化"often"这个词时，他们给出的频率从28%到92%不等（平均59%；Toogood，1980）！所以应该避免单独的非数值表述。因此最好使用如下表述：

Most of the patients（82%）…

第二十一章 缩写

应尽量少使用缩写,因此不推荐使用如下的配方表述(引自Spiers,1984):

  … a patient with ASHD and PHMI,SPCABG,who PTA for ERCP had an episode of BRBPR.

这样的表述需要读者从事这个行业几年后才能快速理解:这个患者有动脉粥样硬化的心脏疾病以及心肌梗塞的历史,做过后冠状动脉旁路移植术,入院做内窥镜逆行胆胰管造影之前直肠有鲜红的血液!

在这个句子中所使用的缩写可能都可以被专业人士接受。但是允许使用缩写并不意味着你不得不使用它。

因此什么时候你应该考虑使用缩写呢?让我们举个例子。术语非类固醇消炎药(被公认的缩写是 NSAID)就没有必要使用缩写,除非它在一篇标准长度的文章中出现了十多遍时才建议使用缩写。

但是有些词汇的缩写比它的全称更容易被理解,比如 DNA,AIDS,laser。通常这样的缩写被收录在主要的文献库中。如果是这样的话,你可以自由使用它们,不必事先进行定义——甚至你可以在标题和摘要部分使用缩写。

尽量避免使用自己创造的缩写,请试着找到其他替代的表达方式。假设你对年轻且成熟的雄性 SD 大鼠进行研究。而你目前正在写论文并且需要重复使用这一名词。因此你考虑制定一个更方便的名字,例如 YMSD 老鼠。算了吧!编辑永远不会接受这样的做法。那么应该怎样处理呢?如果文中没有提及其他的老鼠,那么就简单地使用"the rats";否则就用例如"experimental"或"treated"老鼠。

测 量 单 位

数字后面的单位是缩写的。否则他们的名字需要全拼出来:

2 mg(或者 *two* milligrams)

单数和复数使用同样的缩写:

1 wk　6 wk(不是 6 wks)

缩写后没有句号,除非是句尾:

mo(不是 mo.)

单位的缩写不需要解释意思。

电影《48 HRS》(1982)——由尼克·诺尔蒂(Nick Notle)和艾迪墨菲(Eddie Murphy)主演——这个名字就可以被接受。但是在科技写作中最好使用 48 h。注意小时的缩写是小写。而大写的 H 则是氢元素的符号。

顺便说一下,《哈里维尔的电影指南 2006》(*Halliwell's Film Guide* 2006)中在每个电影名字后面都给出了一个数字并且数字后面都跟着一个 m。这使我觉得很奇怪,但是很快我就意识到这个 m 是分钟的意思,而不是单位米。在科技写作中分钟的缩写是 min 而米的缩写是 m。

一 般 原 则

你应该在缩写第一次出现的地方以下面这样的方式逐一进行解释:

nonsteroidal anti-inflammatory drug(NSAID).

但是如果读者跳过摘要和引言部分直接看讨论部分,正如大部分读者做的那样,他们就会错过这一信息。因此如果你把缩写列出来(以"*Abbreviations used*"为标题)将会对读者有所帮助。你可以将这个列表放在摘要页的下半页(见第二十三章"输入")或者放在后面的单独页面里。在印刷版本中这个列表通常将做为脚注出现在文章标题页面。

最后一点是不要混合使用缩写和全称;请在全文中只使用"nonsteroidal anti-inflammatory drug"或"NSAID"的其中之一。

第二十二章 如何展示统计结果

多数情况下,使用统计数据就"如醉酒的人使用灯柱,更多的作用是支撑身体而不是为了照明"(Sumner,1992)。相同领域的专家可以看出你的研究是否真的需要统计数据;如果需要统计数据的话他们可以帮助你对研究中的统计部分进行规划。例如预估所需样本的大小以体现差别(如果这种差别的确存在的话),并且选择适当的统计方法。

然后当你的研究完成后,你会遇到另一个严重的问题:如何展示统计结果。大约一半的这样的展示中都有统计错误(Murray,1991)。下面是最常见的错误。

使用的是平均值但其意思却是中位数

在一个描述孕期背痛的研究中,女性被要求弯下腰并且两只手

自然下垂,然后测量指尖和地面的距离。测量结果(平均值和标准偏差)以下面的方式表述

$$12 \pm 14 \text{ cm}$$

因此范围是从 -2 到 26 厘米。也就是说有些妇女的指尖戳穿了地板几厘米。这一令人吃惊的结果的产生是由于在描述不对称分布的(偏斜)数据时使用了均值和标准偏差而没有使用中位数(最低值和最高值之间的中间值)和百分范围,如四分位范围(25% 至 75%)。

有一个经验法则是如果标准方差大于平均值的一半,那么这个数据就不太可能是正态分布的(钟形曲线)。事实上大多数的生物医学学科数据都是非正态分布的(Lang and Secic,1997,47)。

如果你将正态分布和非正态分布的数据展示在同一个图表中,应该将这一点在脚注中指出(见第八章"输入表格")

使用标准误差而不是标准方差

平均值的标准误差(缩写为 SEM;经常被不正确地缩写为没有特指的 SE)总是小于标准偏差(缩写为 SD)。因此描述一系列观测数据时使用平均值和 SEM 可以显示观测数据之间的差异较小,这是很有诱惑力的。但是这样做却是不合适的,SEM 不是个描述性数值,而是显示未知数据平均值的估值的准确度。另一方面 SD 测量的是单一结果在平均值周围的分散程度。

未能区分统计意义和生物意义

以下从郎和塞斯库(Lang and Secic,1997,58)摘录的例子中,有一种药物被发现可以降低舒张压平均 8 毫米汞柱,即可从 100 降到 92 毫米汞柱——这是统计学意义($P<0.05$)。

然而,如郎和塞斯科说的那样,构造一个置信区间来估计影响是更翔实的方法。(简单地说,CI 的 95% 的置信区间,其意思是真实值被包括在内的可能性是 95%。)在这种情况下,95% 的 CI 为 2 至 14 毫米汞柱。这告诉我们,血压减少可能会高达 14 毫米汞柱,这在临床上将是重要的,而减少 2 毫米汞柱则不重要。因此,一个结果可以有统计学意义,但在临床上却可以尚无定论。文中结果可以以这种方式阐述:

Diastolic blood pressure was lowered by a mean of 8 mmHg, from 100 to 92 mmHg (95% CI = 2 to 14 mmHg; $P = 0.02$).

因此,P 值估计的是统计意义,而置信区间估计的是临床意义。所以,当使用置信区间时,读者不必依赖于作者的解释,他们可以自行判断。

选择性阐述多个统计测试

多次做空白测试可以产生显著不同的结果。用 $P = 0.05$ 的常规阈值定义一个显著的结果,即使比较两组相同的样本也会存在 1/20 的概率找到一个显著的差异。对于多个测试结果,如果只阐述其中的显著结果就像这是唯一的分析结果那样,我们至少可以这样说:这样做是不恰当的。"如果在捕鱼时捞到一只靴子,渔民应该将它抛回到海里去,而不是宣称他们是在钓靴子"(Mills,1993)。

处理多个测试结果的方法之一是用邦费罗尼(Bonferroni)方法调整 P 值,即用 P 值除以测试数量。然而,对于大量的数值进行比较时,调整后的 P 值可能是几乎无法实现的。

一个更好的办法是事先(甚至在实验规划阶段)决定哪部分有重要意义并将注意力集中于这个变量,然后进行数据分析和论文写作。

其他数据也进行分析,并将有趣的发现作为进一步研究的材料。(事实上,许多基础性突破都源于这种意想不到的发现。)

下一节将讨论亚组分析,其中提出了和多个测试相类似的问题。

过度诠释亚组的影响

在对 16 027 例疑似急性心肌梗死患者的测试中,Collins 等人(1987)得到了偶然性的观察结果,即天蝎座患者的治疗结果比所有其他星座的患者的治疗结果高出四倍。用计算机搜索大量的亚组数据,使得几乎不可避免地一些虚假的"重大"结果会显示出来,就如同这个例子一样。然而,进行少量的亚组分析是合理的——但要提供特定前提(Altman,1995,466)。在这样的亚组分析中所产生的想法有待在将来的研究中得到证实(或否定)。

亚组分析的另一个方面是对统计上有显著结果的实验进行非均质性分析,以评估结果是否适用于所有的患者(Rothwell,1995)。例如,一项研究显示,移民妇女的新生儿比瑞典本土妇女的新生儿在统计上有显著较高的围产儿死亡率。然而,亚组分析显示的结果只适用于从撒哈拉以南的非洲地区移民的妇女,她们的新生儿有特别高的围产儿死亡率。

使用相对数字而不是绝对数字

在一次瑞典的大规模乳房造影筛检实验中,得出筛检可使乳腺癌的死亡率降低 24% 的结果并公开报道。这令人印象深刻的数字导致公众要求实行筛查项目。如果报道的是绝对数字而不是有误导性的相对数字,则这一公众需求就不会产生。其实乳腺癌的死亡率是从 0.51% 下降到 0.39%，其绝对的减少值实际上只有 0.12%。

为防止混乱，可以使用第三种方式来呈现结果，即给出治疗的人数(Chatellier, 1996)。在上面的例子中，833 名妇女将不得不进行为期 12 年的定期筛查以防止任何一例乳腺癌死亡病例。以这种方式呈现结果就很容易被医生和病人理解。因此如果没有同时给出绝对的减少数值或是治疗的总人数，那么相对的减少值是不应使用的(Laupacis et al., 1992)。

最后，实验结果也可以用每 100 000 人每年发生的病例次数来表示。

一些进一步的评论

± 符号

注意观测的平均值表述为 12.3 ± 0.4，这个表述并没有给出第二个数字是否是标准偏差，还是其他什么东西。更明确的表述是：

    the mean was 12.3 (SD 0.4)

或者是：

    the mean (SD) was 12.3 (0.4).

在这种结构中，你可以避免使用 ± 符号。有些期刊也不允许使用 ±。

$P < 0.05 \neq$ 事实

一种根深蒂固的看法是，如果 $P < 0.05$ 那么实验数据就代表了事实情况，而 $P > 0.05$ 就意味着不能出版。但是如果 P 值分别为 0.04 和 0.06，那么它们之间的区别非常小，按理应该引出相类似的结论，并不是完全不同的结论。为了强调这一点，世界上的主要期刊之

———《柳叶刀》的编辑,准备脱衣服了!在一位编辑的办公室里,编辑把他的夹克,领带,衬衫逐一脱掉,露出了写着 $P<0.05$ 并在上面画叉的 T 恤(Crossan and Smith,1996)。如果 P 值落在 0.001 以上,目前一些期刊要求作者给出精确的 P 值。与 P 值相连的符号<(小于号)因此将仅用于极端的情况,即 $P<0.001$。

第二十三章 输入

我在下页中给出了一个文章的布局,你在写任何科技论文时都可以用它作为模板。这个文章布局遵循温哥华模式的建议,但是作为一种模板它可以适用于其他大多数的写作模式。

图 23.1 编辑正在工作(漫画由 Louis Hellman 创作,首次出版于 H.E. Emson. *BMJ* 1994;309:1738;授权转载。)

如果按照这种布局,在文字处理器前你将永远不再需要问自己:"那么,这次我将如何做?"相反,你可以专注于你要说的内容。我使用了"Once upon a time"作为文章的内容。

文本部分为 12 号泰晤士字体(Times),双倍行距。

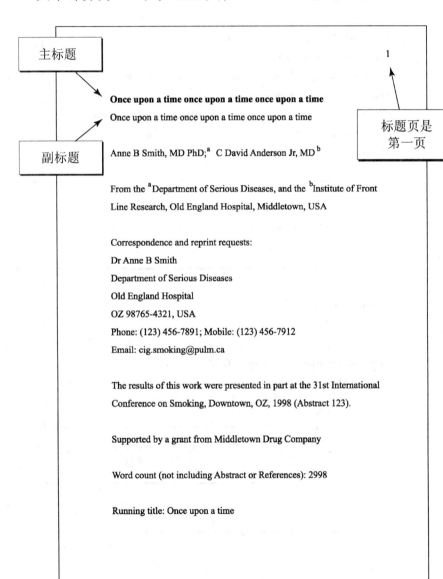

2

ABSTRACT

Background. Once upon a time once upon a time once upon a time. Once upon a time once upon a time.

Methods. Once upon a time. Once upon once a time once upon a time once upon a time. Once upon a time once upon a time.

Results. Once upon a time once upon a time once upon a time. Once upon a time once upon a time once upon a time. Once upon a time.

Conclusions. Once upon a time.

> 按字母顺序写关键词。关键词要从医学索引的医学主题词表(MESH)中选择，也可从www.nlm.nih.gov获取。

Key words. A time; Once;

Abbreviations used. OU, once upon; OUT, once upon a time; UT, upon a time.

> 按字母顺序将缩写列出；也需在文中第一次提到缩写时进行解释。

> 如果可能的话，使用不超过三个层次的标题，用下面方式突出标题：
> 1. 粗体（加重）的大写字母；
> 2. 粗体的小写字母；
> 3. 斜体字体。
>
> 这种布局使得通篇使用12号泰晤士字体时仍然可以区分标题。

METHODS

Patients

Recruitment

Once upon a time once upon a time once upon a time once upon a time once upon a time. Once upon a time. Once upon a time once upon a time. Once upon a time. Once upon a time. Once upon a time once upon a time. Once upon a time once upon a time.

← 标题前有3个换行

Diagnostic criteria ← 标题后有2个换行

Once upon a time once upon a time. Once upon a time once upon a time once upon a time. Once upon a time once upon a time. Once upon a time. Once upon a time once upon a time. Once upon a time once upon a time once upon a time. Once upon a time.

← 段落之间有2个换行；不需要缩进

Once upon a time once upon a time. Once upon a time once upon a time once upon a time. Once upon a time once upon a time. Once upon a time once upon a time.

> 不要断开单词，除非是固有的连字符，比如"English-speaking"。

Treatment

Once upon a time once upon a time once upon a time once upon a time once upon a time. Once upon a time. Once upon a time once upon a time. Once upon a time. Once upon a time. Once upon a time once upon a time. Once upon a time once upon a time. Once upon a time. Once upon a time once upon a time. Once upon a time once upon a time. Once upon a time once upon a time.

> 页边没对齐（参差不齐）

Laboratory methods

Once upon a time once upon a time. Once upon a time once upon a time once upon a time (Figure 1). Once upon a time. Once upon a time. Once upon a time. Once upon a time once upon a time once upon a time once upon a time once upon a time. Once upon a time. Once upon a time. Once upon a time once upon a time once upon a time.

[Place Figure 1 about here]

Statistical analysis

Once upon a time once upon a time (Table 1). Once upon a time once upon a time once upon a time. Once upon a time once upon a time

[Table 1 about here]

> 这是你写给文字编辑关于图表在文本中插入位置的说明。然而，现在经常要求作者使用自己的文字处理器嵌入表格和插图。

> 在稿件中最常见的错误是使用单倍或1.5倍行距；在稿件中插入进行编辑修改需要至少双倍的行距。

RESULTS

Patient characteristics

Once upon a time once upon a time once upon a time once upon a time once upon a time. Once upon a time. Once upon a time once upon a time. Once upon a time. Once upon a time. Once upon a time once upon a time. Once upon a time once upon a time. Once upon a time once upon a time. Once upon a time once upon a time. Once upon a time once upon a time.

Outcome of the study

> 一些期刊要求三倍行距。

Once upon a time once upon a time. Once upon a time once upon a

time once upon a time. Once upon a time. Once upon a time. Once upon

a time. Once upon a time once upon a time.

Adverse effects

> 然而，大部分期刊要求双倍行距。

Once upon a time once upon a time once upon a time once upon a time once upon a time. Once upon a time. Once upon a time once upon a time. Once upon a time. Once upon a time. Once upon a time once upon a time. Once upon a time once upon a time. Once upon a time once upon a time. Once upon a time once upon a time. Once

> 在提交的论文手稿中第二个最常见的错误是没有页码。

DISCUSSION

Once upon a time once upon a time once upon a time once upon a time once upon a time. Once upon a time once upon a time once upon a time. Once upon once a time once upon a time. Once upon a time once upon a time once upon a time once upon a time.

8

ACKNOWLEDGEMENTS

Once upon a time once upon a time once upon a time once upon a time once upon a time. Once upon a time once upon a time once upon a time.

Contributors

9

> 只有标题的首词首字母大写。

REFERENCES

1 Smith AB. Once upon a time once upon a time once upon a time once upon a time once upon a time once upon a time. J Bacteriol 1991;12:34–5.
2. Smith AB. Once upon a time once kupon a time once. Journal of Significant Results 1991;67:89–90.

> 期刊名称的缩写需要符合《医学索引》。

> 如果《医学索引》没有给出缩写,该期刊的名字需要全拼出来。

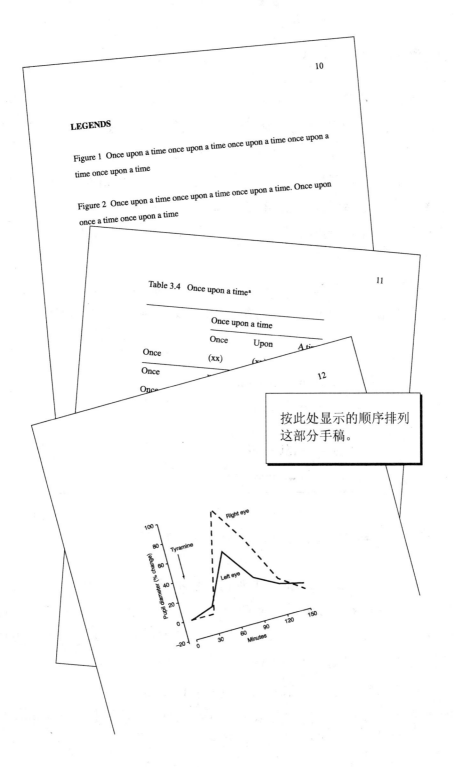

"吐温间距"

塞缪尔·克莱门斯(Samuel L. Clemens，即马克·吐温，Mark Twain)在他的自传中说《汤姆·索亚历险记》(发表于 1876 年)是第一个打字书稿(White，1988)。它使用了双倍行距。

虽然现在大多数作家在他们的手稿正文中使用双倍行距，但是许多作家认为参考文献部分使用单倍行距就足够了。然而，这部分正是多数编辑需要进行修改的地方。单倍行距的文本是不可能编辑清楚的。

唯一可以不使用双倍行距的例外情况是表格中的一组文字，每组可为单倍行距的文本，组与组之间为双倍间距(见第八章"如何设计表格")：

Once upon a time once upon a time once upon a time	12
Once upon a time once upon a time once upon a time	34

泰晤士 12 号字

泰晤士字体是报纸和其他期刊的标准选择[最初为《伦敦泰晤士报》(*The Times of London*)使用]。泰晤士字体的文本易于阅读并且设计紧凑、节省空间。因此，在你输入手稿时使用泰晤士字体可能是正确的选择，并建议使用 12 号字。

但有一个例外。海尔维希字体(Helvetica)是一种无衬线字体，被认为对于非连续阅读的文本是更好的选择，例如在图表中使用。

避免使用大写正体

大写的文字(用大写字母)由于字母之间没有独特的形状区别,所以阅读起来比较困难。而小写文字(小写字母)如 b 有上伸部,如 p 有下伸部,字母之间可以互相区分,阅读起来更容易。

然而在第一级的标题中,比如结果部分,为了与副标题区分开来,建议使用大写字母。

向上向下风格与向下风格

在美国大多数期刊的标题使用"向上向下的风格"。这种风格是指每个单词的第一个字母大写。例外情况是冠词(a,the),介词(on,in),和并列连词(and,or)不用大写。下面是摘自《新英格兰医学杂志》(Grüters *et al*., 1995)的一个例子:

Persistence of Differences in Iodine Status in Newborns after the Reunification of Berlin

其他大多数国家则使用"向下的风格",也叫句子风格,意思是只有第一个单词的第一个字母是大写:

Persistence of differences in iodine status in newborns after the reunification of Berlin

除了本书的标题(*How to Write and Illustrate a Scientific Paper*),在这本书中我使用了向下风格。好吧,我从来没有说过向上向下风格不好,只是向下风格更方便读者阅读——至少对于国际读者来说是这样的。

不要模仿期刊的风格

虽然 600 多种期刊中许多都采用了温哥华模式,但他们并不都符合温哥华模式的每一个细微规定。然而他们的确建议提交稿件的作者"不应该按照期刊的风格准备稿件,而应遵循温哥华模式的要求"(www.icmje.org,2002年1月20日)。这项建议的目的是减少作者为了使他们的手稿遵循每一种期刊的特定要求而消耗时间和做无用功。任何必要的修改会由该期刊的文字编辑完成。

手稿的篇幅

编辑们偏好于简短的文章。即使是铁一般的事实也可以用几页来解释。一个典型的例子是沃森和克里克(1953)对DNA结构的报告,这篇发表在《自然》期刊上的文章刚刚超过一页纸,甚至不懂化学的人也可以理解其内容。

大多数生物医学期刊不接收超过3 000字到4 000字的手稿(包括参考文献,图和表格)。由于一个双倍行距的页面大约有300字左右,这意味着最多约有10~14页的文字部分。然而,表述某些领域的研究结果时,如职业科学、医学伦理学、护理和保健学,可能需要更多的篇幅。查看你要投稿的期刊的作者须知所允许的文字数量。不要超过这个数字!坚决不要!

让我们假设你有一篇12页的论文。为了使不同部分之间的比例平衡,你应该用一页纸写引言,而方法,结果和讨论部分各使用3~4页纸。

标点符号的重要性

请注意标点符号。例如在林恩(Lynne Truss)写的《熊猫吃射走》(*Eats*,*Shoots & Leaves*)(2003)一书中所举出的将一个逗号放错位置而产生的歧义。如林恩在书的封面上的解释,大熊猫走进一间咖啡厅,吃了一个三明治,然后向空中射了一枪。当他出去时,他扔了一个标点严重错误的野生动物手册给还在困惑中的服务员,并请他翻到关于他这个物种的章节。服务员打开那一章然后读到:

Panda. Large black-and-white bear-like mammal, native to China. Eats, shoots and leaves.

我在《时代周刊》中看到了下面这段话。没有适当的标点符号会使人产生误解:

Woman without her man has no reason for living.

应该是:

Woman: without her, man has no reason for living.

早前一些学习印刷惯例的人,如一个 5 岁的女孩,被要求解释为什么我们在句末加"点"时(Henshaw,1994 年被 Hartley 引用),她回答说:

这意味着句子的完成。如果你不加一个点,别人看到你写的信可能会认为你忘了附上另一半句子。

第二十四章 与编辑和审稿人打交道

下面是一位学员的提问:

我会不会失去编辑和审稿人的同情?或者说当我觉得审稿人可能在某些地方产生了误解时,我敢不敢说出自己的看法?如果我说出来是不是不礼貌?

不,不会的——如果你是客气地说出来的话。因此不要使用下面例子中的方式。以下例子援引自写给《心血管病研究》(*Cardiovascular Research*)编辑的信件(Hearse and the Editorial Team,1992):

Many of the "problems" the referee had with our manuscript appear to stem from his limited understanding of electrophysiology or from our failure to explain observations at a more basic level.

这个事例中,审稿人正好是一位在电生理学领域最杰出的研究人员。试着重新写这封信,就如同审稿人就是上帝本人。但是不要隐藏你的看法：

> Thank you for the constructive criticism of my paper. Here are my comments on the referee's suggestions.
>
> *Page* 3，*lines* 2 – 5. What I wanted to say here was …
>
> I have rewritten this passage to make my point of view more clear.
>
> *Page* 4，*lines* 3 – 5…

另外，不要忘记审稿人可能已经在你的稿件上无偿牺牲了几个小时。

审稿人会拖延吗？

下面是学员提出的另一个问题：

> 文章被发给竞争对手并被拖延，这会有多大的风险？

审稿人延迟出版的同时将审阅稿件的思想纳入到自己出版的文章中是非常罕见的。除了少数例外，审稿人还都是有高尚情操的。

如果这些话并不能减轻你的恐惧，那么能做些什么来避免你的想法被盗用呢？一种方法是，在投稿之前你可以在学术会议中介绍你的实验结果——你的实验结果将在一个学术会议论文摘要中出现并被保护。但你能绝对保证在摘要发表之前，阅读你提交的摘要的人不会泄露你的实验想法吗？不，你并不能确定。所以如果你不能忍受这些的话，你可能会考虑不出版——这样的话科学界将失去你所做研究的有趣结果。

未出版的工作

审稿人（也被称为审阅者）必须能够获得你手稿中所引用的全部

参考文献。因此,当你提交稿件时请附上所有在稿件中提到的"出版中"、"撰写中"或者是"准备中"的材料。如果你还没有这样做,那么审稿人对你的工作评价可能是不完整的。有一位审稿人写道:

> Much of the key cited methodological material is "in press" and cannot be judged by this reviewer.

但不要忘了,审稿人是可以获取自己的文章的。有一位审稿人在她的评价中告诉我:

> A lot of what they say is virtually a direct quotation of my own paper.

缩 短 稿 件

有一位作者曾经被要求缩短他的手稿。在他的(当真?)回信中说到(Baumeister,1992):

> You suggested that we shorten the manuscript by 5 pages, and we were able to accomplish this very effectively by altering the margins and printing the paper in a different font with a smaller type face. We agree with you that the paper is much better this way.

一个更加雄心勃勃的作者用这样的方式写道:

> As suggested in your letter, we have reduced the text by close to 30%. The word count in the revised version, compared with the previous version:

	Is now	Was	Percent cut
Introduction	386	520	26
Methods	1006	1605	37
Results	2037	2762	26
Discussion	1182	1561	20
Total count	4611	6345	27

也许你可以找到一个中庸的方法。

接收或拒稿

如果您的论文被接收的话,您可能会收到一个预先印刷的卡片,上面会有一个简短的声明就如同下面这样:

Dear Doctor,

　　Your manuscript has been accepted for publication. It is now being sent to the Publisher and in due time you will receive a proof.

相反,拒稿信似乎就很感人很体贴,如同下面这封来自《柳叶刀》期刊的信:

Dear Dr Gustavii,

　　I hope we shan't dismay you by failing to accept this paper. I should like to have enabled our readers to see your further interesting findings but at present we are in such trouble from pressure on space⋯. I am sure you will readily make an alternative arrangement.

在收到这封拒稿信时我感觉很沮丧,但是当发现其实我并不是唯一收到这封拒稿信的人的时候,我感到了一些安慰。1937 年《自然》杂志拒绝了汉斯·克雷布斯(Hans Krebs)提交的稿件,其中描述了柠檬酸循环——细胞代谢的主要特征之一,即大家所知的三羧酸循环(Krebs cycle)。该文章后来被 *Enzymologia* 的编辑接收。1953年,克雷布斯被授予了诺贝尔奖以表彰他的工作。

图 24.1　编辑坐在他的桌边

第二十五章　修改校样

如果不是因为一个小数点的错误，可爱的卡通人物大力水手可能永远也不会被创作出来。正如你所知道的，大力水手靠吃菠菜来得到力量，菠菜被认为含有丰富的铁。这种误解源于一份报告，由于小数点放错了地方，报告显示菠菜的含铁量高于其真实值的十倍。然而由于疏忽造成的错误很少有这样有趣的结果。

如何阅读校样

当你收到排版好的校样时，你可能想马上通读一遍。我的建议是跟随着你的直觉，你将提高警惕并会很容易地发现表达是否清晰，从而发现遗漏的错误，比如被删除的一行字或者是丢失了的段落。然而为了不忽略打印错误，你将不得不再通读全文至少一遍。

当你第二次检查校样稿，请说服一个人大声地慢慢念稿子。如果你找不到朗读的人,那么将你的一个手指放在手稿的第一行下,另一个手的手指放在校样的第一行下,都刚好放在第一个字母下。从手稿看到校样然后再看回去,一个字、一个数、一个标点符号地逐一检查。当检查表格和参考文献时应该特别小心。

另一个我所听说的方法是用录音机将阅读稿子的声音录下来,然后一边看稿子一边听录音,但是这个方法我没有用过。

如果你检查校样太草率,那么你一定会后悔的。有一次,我忽略了一个输错的数字,后来不得不呈送重印稿以纠正错误。

纠 正 错 误

发送给你校样的主要原因是你可以纠正打字错误。虽然在这个阶段你不能润色文章,但是你可以纠正严重的错误,比如摘要中的数据与正文中的不一致。

此外,如果你对某部分内容有改动,或者如果你已经获得相关内容的新信息,你可以写一个附录(也称为"校样注释")放到正文的结尾参考文献之前的位置。使用附录的主要原因是从伦理方面考虑,给文章增加一些审稿人没有见过的新内容或修订过的材料。下面是一个介绍新信息的例子(Federle *et al*.,1982):

Addendum

Since this manuscript was submitted, 25 additional patients have been studied. DR [Digital Radiography] pelvimetry has completely replaced the conventional method at this institution.

如果你所提到的一篇显示为"出版中"的文献已经出版了,那么请在此基础上更新卷、年、页码的信息。

修 正 标 记

有几个校样修改系统:欧洲大陆系统、英国系统、美国系统和在其他国家使用的各种系统。虽然在世界上所使用的修改系统这么多,但是称职的排字人员都可以应付。因此你不需要学习一个以上的系统。我的建议是使用美国的系统,因为在我看来它是最容易使用的。在下面的页面中我将展示给您的是美国系统中最常见的校对标记以及如何使用它们。

和手稿的修改不同,更正校样必须标记两次,一次是在发生错误的位置,一个是在页边距上。如果你没有在页边距标明修改,排版人员扫视页边距时就不能注意到文中的更正内容。

除了本章所给出的标记符号,你不需要知道更多的标记符号;这里给出的符号涵盖了大多数情况下一般稿件修改时所需要的符号。但是在少数情况下,如果你不能在这里找到一个合适的标记,那么只要给排版人员在页边距上写好说明并画上圈就可以了。在说明的旁边写上正确的内容,并在文中标上恰当的符号显示新文字所插入的位置。

电 子 校 样

目前存在的技术可以使那些修改过的电子校样以电子化方式显示校正修改内容。

表 25.1　常用的美国修改标记

文中的标记	含义	在页边的标记
On ce upon	两边拉近	⌒
Once upon	加间距	#
upon a ∧ time	均衡间距	eq #
A timee	删除	ℓ
a ti/me	删除并两边拉近	ℓ̃
a t/yme	替换	i
there ~~were~~	替换	was
Once, but not twice ∧	插入句号	⊙
Once‸but not twice.	插入逗号	╱̂
⌐upon⌐Once⌐	颠倒	ⓣⓡ
once (三)	大写	ⓒⓐⓟ
Once U̸pon	换成小写	ⓛⓒ
The Sleeping Beauty	设置成斜体	ⓘⓣⓐⓛ

下面是一段有修改标记、更正内容以及评论的文字示例。

如果在页边上有两个或两个以上的标记必须写在一行内，按从左至右的顺序安排并用斜线将各标记分开。两个页边都可以使用。

如果有几处错误出现在同一行中，如果页边的空间太狭窄，请将正确的文字写在另一张纸条上，并且将这张纸条贴在校样的上方；将这张纸条用划圈数字标记并且在需要修改的那行文字边上用同样的符号标记。

如果你错误地标记了手稿，比如删除号，可以使用术语"stet"（其意思是：保持原样）来告诉排版人员不要按照你刚才的标记进行删除；然后划掉在页边上的修改标记；最后在需要保留的文字下面画上点，表明那些是需要保留的。

为了将一个修正与给排版的说明符号清楚地区分开来，将说明符号用圆圈圈出；这样就告诉排版人员不要印刷圈出的部分。然而，修正符号，例如删除号（ ），不需要被圈出，尽管删除号也是说明符号。

这段话摘自《睡美人》："Once upon a time there was a little princess who lived in a big castle."

第二十六章　作者的责任

被测者的隐私权

如何保护被测试者的隐私权？在图26.1中两个不愿透露姓名的被测者以传统方式，即用黑色带子遮住眼部以保护隐私，这就造成了个笑料。

发表几个星期以后，在读者来信中一位读者告诉编辑：尽管在动物的眼睛上加了黑色带子，但是他立即认出这个动物他曾经在墨尔本动物园见到过，并建议作者在介绍类人猿数据时应更加小心以保持匿名（Millar，1982）。

这个现象告诉我们，用一个黑色带子遮住眼睛可能不足以掩饰被测者。所以在这样的情况下，应该得到知情同意书，就如国际医学期刊编辑委员会建议的那样（1995）。图中的女士给出了这样的同意书。Simkin的图也告诉我们，作者并不总是会非常严肃地对待他们的报告。相反,幽默也可以帮助传达信息。

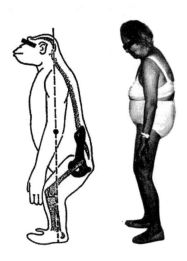

图 26.1 类人猿站姿,即类似于一个类人猿的姿势,可以作为有价值的腰椎管狭窄症诊断线索。(经 P. A. Simkin 许可转载自 Simkin. Simian stance: a sign of spinal stenosis, *The Lancet* 1982;ii (8299):652-3,ⓒ《柳叶刀》杂志有限公司)

一 稿 多 投

一位参加过我的培训课的学员问到:

> 如果我给一个期刊提交了一篇文章,那么我可以在同一时间发送这篇文章的修订稿(同样的被测者,同样的材料)到另一个期刊吗?或者我年轻的科研生涯就此完结,然后会发生什么呢?

是的,你的科研生涯将要终结!由于自我抄袭陪审团一致判给你终身监禁,这就如同在美国一位作者提交了相同的手稿到两个不同的期刊。所有这一领域的美国期刊将永远不会再考虑接收任何来自这位科学家的实验室的稿件(Abenlson,1982)。

借用已出版的资料

下面是另一位学员所提出的问题：

> 如果我重绘一张发表过的图片，并进行了一些小的改动，然后我是否可以把它称为"我自己的"图片？

不，通常情况下是不能的。如果发表过的图片有"独创特性"，并且这些特性被保留在重绘图中，那么你就应该征求重绘图片的许可。现在我们来讨论什么是图片的独创性。尽管在这个问题上办理诉讼案件的法官可能不赞同，但是当这件事情被提出来时，我们最好使用直觉来找到这个问题的答案。这里是我个人对两个事例的看法。

我在一份日报上看到过一幅原始的海盗漫画（图 26.2 左上图）。海盗鼓励读者对欧洲联盟说 NEJ（不），这个例子看似与教授如何写科技论文的主题相去甚远。但是只要把石头上的文字更换掉，将眼睛和嘴巴的地方涂白后重塑面部表情，我发现这个图是有用的。这些改变没有将重新绘制的图片变成"我自己的"图片，其原有的风貌基本保持不变。因此我必须获得许可才能出版（图 26.2 的下图，另参见图 2.1）。

另一方面，当一个图片的特性没有被复制时，则并不需要获得许可。例如我用的课本插图（图 26.3 左图）作为一个模型绘制成右边的样子时是未经允许的。

然而，我在本书重现了这两个图，所以我必须获得许可。因此左图是从 Arey（1954）那里获得许可复制的；右图是得到出版商许可，从 Gustavii（1975）那里复制的。注意，即便是重现我自己的论文中由我自己绘制的插图，我也必须获得许可。通常情况下，在我的论文出版前，我被要求签署一份声明将我的版权转让给出版商，其中包括文本和插图的版权。

图26.2 重新绘制的漫画(下)需要获得出版许可,因为原创的图片(左上)被保留了(经过许可的重绘图;Majewski,1994)

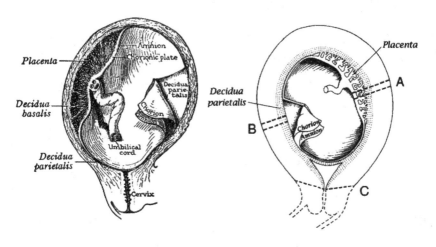

图26.3 重绘图(右)不需要获得授权,因为原始图(左)的特征没有被复制

当你为了复制图片（原件或重绘图）而请求许可时，不仅要写信给出版商，也要写信给作者，如果恰当的话也要给插图的画家。例如在这本书中图23.1的版权拥有人显示是位画家（这是出版商告诉我的，并给了我她的通信地址）。因此，虽然版权经常属于出版商，但是情况并非总是如此。大部分期刊都要求从版权拥有者和作者那里都得到许可。复制表格（或者部分表格）和引用一定长度的文本（比如100个词或以上）也需要获得许可。

许多出版商不收费，但也有一些需要收取费用。这本书的第一版中受版权保护的材料（44个图，7个表）里有3个图和1个表需要费用；3个图各花了我（1998年）30英镑、30英镑和20美元；表是25美元。大多数出版商在1~3月内会对我索取许可的请求作出回应。然而有一个出版商在10个月后才回复了我的申请，其间我总共发了两次提醒。

然而，如今许多科技期刊的出版商提供在线许可申请。由于这些表格可以极为详细，你可以通过电子邮件更轻松地发送申请。使用模板（图26.4），这样你可以将它保存在你的计算机上。许可权通常在几小时内被授予，甚至几分钟之内——如果申请信是在工作时间被接收到的。

图26.5所示的旧模板仍然是有用的。例如，2006年当我试图从一些作者那里获得许可，我无法找到其中两位的e-mail地址，所以我不得不通过普通邮件发送模板。

关于贡献部分，我建议使用的措辞，比如"经Simkin许可转载，1982年（Reproduced with permission, from Simkin 1982）"并不总是能被接受的。一些版权持有人希望详细地描述致谢部分，即便这就意味着贡献部分会变得比图例还要长（见图14.1），我们也要严格按照版权所有人的要求去做。

27 July 2006

Catherine Nielsen
Copyright Manager
Elsevier
Health Sciences Rights Department
1600 John F. Kennedy Boulevard, Suite 1800
Philadelphia, PA 19103-2899, USA

Dear Ms Nielsen,

I am preparing a 2nd edition of my book *How to Write and Illustrate a Scientific Paper*, Cambridge University Press. I would greatly appreciate your permission to reproduce figure 2 from:

> Chaparro, C. M.; Neufeld, L. M.; Alavez, G. T.; Cedillo, R. E-L.; Dewey, K.G. 2006. Effect of timing of umbilical cord clamping on iron status in Mexican infants: a randomised controlled trial. *The Lancet* 367:1981–9.

This figure would help authors to design a box plot.

Acknowledgments of the source will be printed on the page where the figure appears, as follows:

> Reproduced, with permission, from Chaparro et al. 2006.

A full reference will be given in the reference list. If this form of acknowledgement is not sufficient, please indicate how the credit line should appear.

Yours sincerely,

Björn Gustavii, MD, PhD
Clemenstorget 3
SE-22221 LUND, Sweden
bjorngustavii@telia.com

图 26.4　通过电子邮件方式申请版权保护材料的使用许可模板

图 26.5　通过普通邮件方式发送的申请

保存你的原始数据

　　当你已经完成了论文,你可能不知道该如何处理所有已经收集到的原始数据。应该丢弃它们吗?不,绝对不要丢。你投稿的期刊可能需要查看它们。例如,如果你提交了一篇文章给 *JAMA*,你必须签署一份声明,其中的内容包括"我保证,如果有必要的话,我会提供数据,或者与编辑以及受让人充分合作以便获取并提供文章中的数据用于检查"(*JAMA*,2002)。即使发表后,你也有义务向那些索取数据的人提供你的论文原始数据——至少在出版后 5 年的时间内你将有义务保留这些数据(也有人说是 10 年)。

需要在你桌子上摆放的参考书

关 于 措 辞

Hornby, A. S.; Ashby, M. 2005. *Oxford Advanced Learner's Dictionary of Current English*. 7th edn. New York: Oxford University Press.

同 义 词

The Merriam-Webster Dictionary of Synonyms and Antonyms. 1998. Springfield, MA: Merriam-Webster.

关于准备论文

International Committee of Medical Journal Editors. *Uniform Requirements for Manuscripts Submitted to Biomedical Journals* (the Vancouver Document, www.icmje.org).

关于如何缩写期刊名称

List of journals in the *Index Medicus*. Bethesda, MD: National Library of Medicine; published annually as a list in the January issue of *Index Medicus*. For sale on the Net by amazon.com, as a separate publication. Also available at: www.nlm.nih.gov

拓展阅读

写作指南

Albert, T. 2000. *The A-Z of Medical Writing*. London: BMJ Books.

Alley, M. 1997. *The Craft of Scientific Writing*. 3rd edn. New York: Springer-Verlag.

Booth, V. 1993. *Communicating in Science. Writing a Scientific Paper and Speaking at Scientific Meetings*. 2nd edn. Cambridge: Cambridge University Press.

Browner, W. S. 1999. *Publishing and Presenting Clinical Research*. Baltimore: Williams & Wilkins.

Byrne, D. W. 1998. *Publishing Your Medical Research Paper. What They Don't Teach You in Medical School*. Baltimore: Williams & Wilkins.

Davis, M. 2004. *Scientific Papers and Presentations*. 2nd edn. San Diego: Academic Press.

Day, R. A.; Gastel, B. 2006. *How to Write and Publish a Scientific Paper*. 6th edn. Westport, CT: Greenwood Press.

Goodman, N. W.; Edwards, M. B.; Black, A. 2006. *Medical Writing: A Prescription for Clarity*. 3rd edn. Cambridge: Cambridge University Press.

Hall, G. M., editor. 2003. *How to Write a Paper*. 3rd edn. London: BMJ Books.

Huth, E. J. 1999. *Writing and Publishing in Medicine*. 3rd edn. Baltimore: Williams & Wilkins.

Iles, R. L. 2003. *Guidebook to Better Medical Writing*. Washington, D.C.: Island Press.

King, S. 2002. *On Writing. A Memoir of the Craft*, pp. 139-288. New York: Pocket Books.

Malmfors, B.; Garnsworthy, P.; Grossman, M. 2005. *Writing and Presenting Scientific Papers*. 2nd edn. Nottingham: Nottingham University Press.

Matthews, J. R.; Bowen, J. M.; Matthes, R. W. 2001. *Successful Scientific Writing. A Step-by-Step Guide for the Biological and Medical Sciences*. 2nd edn. Cambridge: Cambridge University Press.

Montgomery, S. L. 2002. *The Chicago Guide to Communicating Science (Chicago Guides to Writing, Editing, and Publishing)*. Chicago: University of Chicago Press.

O'Connor, M. 1991. Reprint 1999. *Writing Successfully in Science*. London: E & FN Spon.

Schoenfeld, R. 1989. *The Chemist's English*. 3rd edn. New York: Wiley-VCH.

Woodford, F. P. 1999. *How to Teach Scientific Communication*. Bethesda: Council of Biology Editors.

Taylor, R. B. 2005. *The Clinician's Guide to Medical Writing*. New York: Springer.

Zeiger, M. 1999. *Essentials of Writing Biomedical Research Papers*. 2nd edn. New York: McGraw-Hill Professional Publishing.

标 点

Carey, G. V. 1976. *Mind the Stop. A Brief Guide to Punctuation*. London: Penguin.

Truss, L. 2003. *Eats, Shoots & Leaves. The Zero Tolerance Approach to Punctuation*. London: Profile Books.

英 语

Day, R. A. 1995. *Scientific English. A Guide for Scientists and Other Professionals*. 2nd edn. Phoenix: Oryx Press.

Strunk, W. Jr.; White, E. B.; Angell. R. 2000. *The Elements of Style*. 4th edn. Boston: Allyn & Bacon.

样 式 手 册

The ACS Style Guide: Effective Communication of Scientific Information (An American Chemical Society Publication). 2006. 3rd edn. Edited by Anne M. Coghill and Lorrin R. Garson. Washington, DC: American Chemical Society.

American Medical Association Manual of Style. 2007. 10th edn. New York: Oxford University Press.

Publication Manual of the American Psychological Association. 2001. 5th edn. Washington, DC: American Psychological Association.

Science & Technical Writing. A Manual of Style. 2001. 2nd edn. Edited by Philip Rubens. New York: Routledge.

Scientific Style and Format: The CBE Manual for Authors, Editors, and Publishers. 1994. 6th edn. Edited by Edward J. Huth. New York: Cambridge University Press.

插　　图

Briscoe, M. H. 1996. *Preparing Scientific Illustration. A Guide to Better Posters, Presentations, and Publications*. 2nd edn. New York: Springer-Verlag.

Harris, R. L. 1999. *Information Graphics. A Comprehensive Illustrated Reference*. New York: Management Graphics.

Tufte, E. R. 2001. *The Visual Display of Quantitative Information*. Cheshire, CT: Graphics Press.

统　　计

Altman, D. G. 2006. *Practical Statistics for Medical Research*. 2nd edn. London: Chapman & Hall.

Lang, T. A.; Secic, M. 2006. *How to Report Statistics in Medicine. Annotated Guidelines for Authors, Editors, and Reviewers*. 2nd edn. Philadelphia: American College of Physicians.

参考文献

Abelson, P. H. 1982. Excessive zeal to publish. *Science* 218:953.

Altman, D. G. 1995. *Practical Statistics for Medical Research*. London: Chapman & Hall.

Altman, D. G. 1985. Comparability of randomised groups. *Statistician* 34: 125-36.

Andersson Grönlund, M. 2005. Ophthalmologic characteristics and neuropediatric indings – with special emphasis on children adopted from Eastern Europe. (Dissertation.) Göteborg, Sweden: The Sahlgrenska Academy at Göteborg University.

Andolf E. 1989. Sonography of the female pelvis with emphasis on ovarian tumours. (Dissertation.) Lund, Sweden: University of Lund.

Animal Info. 2002. Information on rare, threatened and endangered mammals. Severna Park (MD): Animal info. www.animalinfo.org (accessed 2 February 2002).

Arey, L. B. 1954. *Developmental Anatomy. A Textbook and Laboratory Manual of Embryology*, p. 130. 6th edn. Philadelphia: Saunders.

Azem, J. 2005. Approaches to analyses of cytotoxic cells, and studies of their role in *H. pylori* infection. (Dissertation.) Göteborg, Sweden: The Sahlgrenska Academy at Göteborg University.

Bailar, J. C. 1986. Science, statistics, and deception. *Ann. Intern. Med.* 104:259-60.

Baker, J. R. 1955. English style in scientific papers. *Nature* 176:851-2.

Baranto, A. 2005. Traumatic high-load injuries in the adolescent spine. Clinical, radiological and experimental studies. (Dissertation.) Göteborg, Sweden: The Sahlgrenska Academy at Göteborg University.

Baumeister, R. F. Dear Journal Editor, it's me again. Dialogue [cited by Hearse, 1992].

Begg, C.; Cho, M.; Eastwood, S.; Horton, R.; Moher, D.; Olkin, I.; *et al*. Improving the quality of reporting of randomized controlled trials. The CONSORT statement. *JAMA* 1996; 276:637-9.

Begley, S. 1996. To stand and raise a glass. *Newsweek*, July 1, 42-5.

Bengtsson, L. P. 1968. Therapeutic abortion by means of intra-uterine injections. Techniques, effects, risk and mechanisms of effect. *Medical Gynecology & Sociology* 3:6-14.

Bennet, S. 1992. *Churchill* [documentary]. London: British Broadcasting Corporation.

Bergström, A. 1994. Experimental retinal cell transplants. (Dissertation.) Lund, Sweden: University of Lund.

BMJ editorial 1985. Reference 13. 291:1746.

Broad, W. J. 1981. The publishing game: Getting more for less. Meet the least publishable unit, one way of squeezing more papers out of a research project. *Science* 211:1137-9.

Brownlow, K.; Gill, D. 1983. *Unknown Chaplin* [video]. Thames Video

Collection.

Burrough-Boenisch, J. 2006. EATAW (European Association for the Teaching of Academic Writing) email forum. www.eataw.org/listserv/ (accessed 8 February 2006).

Carling, P. 2006. EATAW (European Association for the Teaching of Academic Writing) email forum. www.eataw.org/listserv/ (accessed 9 December 2006).

CBE. 1994. *See* Council of Biology Editors' Style Manual Committee.

Chaparro, C. M.; Neufeld, L. M.; Alavez, G. T.; Cedillo, R. E-L.; Dewey, K. G. 2006. Effect of timing of umbilical cord clamping on iron status in Mexican infants: A randomised controlled trial. *The Lancet* 367:1981-9.

Chaplin, C. 1973. *My Autobiography*, p. 208. Harmondsworth: Penguin.

Chapman, M.; Mahon, B. 1986. *Plain Figures*, p. 74. London: HMSO.

Chatellier, G.; Zapletal, E.; Lemaitre, D.; Menard, J.; Degoulet, P. 1996. The number needed to treat: A clinically useful nomogram in its proper context. *BMJ* 312:426-9.

Chernin, E. 1988. The "Harvard system": A mystery dispelled. *BMJ* 297:1062-3.

Christensen, K. K. 1980. Group B Streptococci. Aspects on urogenital epidemiology and obstetrical significance. (Dissertation.) Lund, Sweden: University of Lund.

Clarke, K. W.; Gray, D.; Keating, N. A.; Hampton, J. R. 1994. Do women with acute myocardial infarction receive the same treatmen as men? *BMJ* 309:563-6.

Collins, R.; Gray, R.; Godwin, J.; Peto, R. 1987. Avoidance of large biases and large random errors in the assessment of moderate treatment effects: The need for systematic overviews. *Stat. Med.* 6:245-50.

CONSORT Website. 2001. www.consort-statement.org (accessed 20

January 2002).

Council of Biology Editors' Style Manual Committee. 1994. *Scientific Style and Format. The CBE Manual for Authors, Editors, and Publishers*. 6th edn. New York: Cambridge University Press.

Crichton, M. 1975. Medical obfuscation: Structure and function. *N. Engl. J. Med*. 293:1257-9.

Crossan, L.; Smith, R. 1996. The BMJ/EASE workshop for editors. *CBE Views* 19:29-30.

Danel, C.; Moh, R.; Minge, A.; *et al.*, for the Trivacan ANRS 1269 trial group. 2006. CD4-guided structured antiretroviral treatment interruption strategy in HIV-infected adults in West Africa (Trivacan ANRS 1269 trial): a randomised trial. *The Lancet* 367:1981-9.

Day, R. A. 1995. *Scientific English. A Guide for Scientists and Other Professionals*. 2nd edn. Phoenix: Oryx Press.

Day, R. A.; Gastel, B. 2006. *How to Write and Publish a Scientific Paper*. 6th edn. Westport, CT: Greenwood Press.

De Looze, S. 2002. Rules on virgules. *European Science Editing* 28:108-10.

Dembiec, D. P.; Snider, R. J.; Zanella. A. J. 2004. The effects of transport stress on tiger physiology and behavior. *Zoo Biology* 23: 335-46.

Dixon, B. Plain words please. 1993. *New Scientist* 137:39-40.

Dobbel, C. 1938. Dr O. Uplavici (1887-1938). *Parasitology* 30:239-41.

Ehrenberg, A. S. C. 1977. Rudiments of numeracy. *J. R. Stat. Soc. A* 140(pt 3):277-97.

Emson, H. E. 1994. Christmas wishes. *BMJ* 309:1738.

European Carotid Surgery Trialists' Collaborative Group. 1998. Randomised trial of endarterectomy for recently symptomatic carotid stenosis: Final results of the MRC European Carotid Surgery Trial (ECST). *The Lancet* 351:1379-87.

Federle, M. P.; Cohen, H. A.; Rosenwein, M. F.; Brant-Zawadzki, M. N.; Cann, C. E. 1982. Pelvimetry by digital radiography: A low-dose examination. *Radiology* 143:733-5.

48 *Hours*. 1982. Director Walter Hill. Paramount/Lawrence Gordon.

Fremont-Smith, M.; Meigs, J. V.; Graham, R. M.; Gilbert, H. H. 1946. Cancer of endometrium and prolonged estrogen therapy. *JAMA* 131:805-8.

Gardiner, P. J.; Copas, J. L.; Schneider, C.; Collier, H. O. J. 1980. 2-decarboxy-2-hydroxymethyl prostaglandin E1 (TR4161), a prostaglandin bronchodilator of low tracheobronchial irritancy. *Prostaglandins* 19:349-70.

Garfield, E. 1986. The integrated Sci-Mate Software System. Part 2: The Editor slashes the Gordian knot of conflicting reference styles. *Current Contents*, March 17(11):81-8.

Godlee, F. 1996. Definition of "authorship" may be changed. *BMJ* 312:1501-2.

Gold, D. R.; Wang, Xiaobin; Wypij, D.; Speizer, F. E.; Ware, J. H.; Dockery, D. W. 1996. Effects of cigarette smoking on lung function in adolescent boys and girls. *N. Engl. J. Med.* 335:931-7.

Goodman, R. A.; Thacker, S. B.; Siegel, P. Z. 2001. What's in a title? A descriptive study of article titles in peer-reviewed medical journals. *Science Editor* 24:75-8.

Grüters, A.; Liesenkotter, K. P.; Willgerodt, H. 1995. Persistence of differences in iodine status in newborns after the reunification of Berlin. *N. Engl. J. Med.* 333:1429.

Gustavii, B. 1975. The distribution within the placenta, myometrium, and decidua of ^{24}Na-labelled hypertonic saline solution following intra-amniotic or extra-amniotic injection. *Br. J. Obstet. Gynaecol.* 82:734-9.

Halliwell's Film, Video & DVD Guide 2006. 21st edn. Walken, J.; Halliwell, L. New York: HarperCollins.

Hamberg, M. 1972. Inhibition of prostaglandin synthesis in man. *Biochem. Biophys. Res. Commun.* 49:720-6.

Harris, R. L. 1999. *Information Graphics. A Comprehensive Illustrated Reference.* New York: Management Graphics.

Hartley, J. 1994. *Designing Instructional Text*, p. 31. 3rd edn. London: Kogan Page.

Hearse, D., and the Editorial Team. 1992. Of humour, music, anger, speed, and excuses: Reflections of an editorial team after one year in office [editorial]. *Cardiovasc. Res.* 26:1161-3.

Heim, S.; Kristoffersson, U.; Mandahl, N.; Mineur, A.; Mitelman, F.; Edvall, H.; Gustavii, B. 1985. Chromosome analysis in 100 cases of first trimester trophoblast sampling. *Clin. Genet.* 27:451-7.

Helenius, G. 2005. Tissue engineering of blood vessels. (Dissertation.) Lund, Sweden: University of Lund.

Hlava, J. 1887. O úplavici [On dysentery] [Journal of Czech Physicians] Jan. 26(5):70-4.

Hodgen, G. D. 1981. Antenatal diagnosis and treatment of fetal skeletal malformations: With emphasis on in utero surgery for neural tube defects and limb bud regeneration. *JAMA* 246:1079-83.

Holmes, W. 1997. Minimum ethical standards should not vary among countries. *The Lancet* 314:1479.

Hoyer, L. W.; Lindsten, J.; Blombäck, M.; Hagenfeldt, L.; Cordesius, E.; Stromberg, P.; Gustavii, B. 1979. Prenatal evaluation of fetus at risk for severe von Willebrand's disease. *The Lancet* 2:191-2.

International Committee of Medical Journal Editors. 2002. *Uniform Requirements for Manuscripts Submitted to Biomedical Journals.* www.icmje.org (accessed 20 January 2002).

International Committee of Medical Journal Editors. 1995. Protection of patients' right to privacy. *BMJ* 311:1272.

International Committee of Medical Journal Editors. 1985. Guidelines on authorship. *BMJ* 291:722.

JAMA. 2002. Instructions for authors. Published in the first issue of each January and July and available at www.jama.com

Jha, T. K.; Olliaro, P.; Thakur, C. P. N.; Kanyok, T. P.; Singhania, B. L.; Singh, I. J.; *et al*. 1998. Randomised controlled trial of aminosidine (paromomycin) *v* sodium stibogluconate for treating visceral leishmaniasis in North Bihar, India. *BMJ* 316:1200-5.

Karman, H.; Potts, M. 1972. Very early abortion using syringe as vacuum source. *The Lancet* i:1051-2.

Kartulis, S. 1887. O. Uplavici, Ueber die Dysenterie (review). *Centralblatt für Bacteriologie und Parasitenkunde* 1(18):537-9.

Kerkut, G. A. 1983. Choosing a title for a paper. *Comp. Biochem. Physiol*. 74A:1.

Kesling, R. V. 1958. Crimes in scientific writing. *Turtox News* 36:274-6.

Kitin, P. B.; Fujii, T.; Abe, H.; Funanda, R. 2004. Anatomy of the vessel network within and between the tree rings of *Fraxinus lanuginosa* (Oleaceae). *Am. J. Botany*. 91:779-88.

Kurki, T. 1992. Preterm birth. A clinical, biochemical and bacteriological study. (Dissertation.) Helsinki, Finland: University of Helsinki.

Lancet, The. 1993. OCs o-t-c? [editorial] 342:565-6.

Lancet, The. 1995. English as she is wrote [editorial]. 346:1045.

Lang, T. A.; Secic M. 1997. *How to Report Statistics in Medicine. Annotated Guidelines for Authors, Editors, and Reviewers*. Philadelphia: ACP.

Laupacis, A.; Naylor, C. D.; Sackett, D. L. 1992. How should the results of clinical trials be presented to clinicians? [editorial]. *ACP Journal*

Club, May/June:A12-A14.

Lee, A.; Thomas, P.; Cupidore, L.; Serjeant, B.; Serjeant, G. 1995. Improved survival in homozygous sickle cell disease: Lessons from a cohort study. *BMJ* 311:1600-2.

Lindsay, D. 1989. *A Guide to Scientific Writing. Manual for Students and Research Workers*, p. 36. Melbourne: Longman Cheshire.

Liu, L. 1996. Fate of conference abstracts. *Nature* 383:20.

Logan, R. F. A.; Little, J.; Hawtin, P. G.; Hardcastle, J. D. 1993. Effect of aspirin and non-steroidal anti-inflammatory drugs on colorectal adenomas: Case-control study of subjects participating in the Nottingham faecal occult blood screening programme. *BMJ* 307:285-9.

López-Jaramillo, P.; Delgado. F.; Jácome, P.; Terán, E.; Ruano, C.; Rivera, J. 1997. Calcium supplementation and the risk of preeclampsia in Ecuadorian pregnant teenagers. *Obstet. Gynecol.* 90:162-7.

Macknin, M. L.; Piedmonte, M.; Calendine, C.; Janosky, J.; Wald, E. 1998. Zinc gluconate lozenges for treating the common cold in children. A randomized controlled trial. *JAMA* 279:1962-7.

Majewski, J. 1994. Sydsvenska Dagbladet [The South Swedish Daily News], Nov. 6, Sect. A:2 (cols. 2-3).

Marvin, P. H. 1964. Birds on the rise. *Bull. Entomol. Soc. Amer.* 10: 194-6.

Mathews, K. A.; Sukhiani, H. F. 1997. Randomized controlled trial of cyclosporine for treatment of perianal fistulas in dogs. *J. Am. Vet. Med. Assoc.* 211:1249-53.

McBride, W. G. 1961. Thalidomide and congenital abnormalities. *The Lancet* 2:1358.

McGarry, G. W.; Gatehouse, S.; Hinnie, J. 1994. Relation between alcohol and nose bleeds. *BMJ* 309:640.

McNab S. M. 1993. Non-sexist language. *TWIOscoop* 11(5):148-53.

McWhorter, T. J.; Martínez del Rio, C. 2000. Does gut function limit hummingbird food intake? *Physiological and Biochemical Zoology* 73 (3):313-24.

Medical Research Council. 1948. Streptomycin treatment of pulmonary tuberculosis. *Br. Med. J.* 2:769-82.

Mehrotra, P. K.; Karkun, J. N.; Kar, A. B. 1973. Estrogenicity of some nonsteroidal compounds. *Contraception* 7:115-24.

Millar, J. A. 1982. Anonymity of anthropoid apes featured in medical journals. *The Lancet* ii:940.

Mills, J. L. 1993. Data torturing. *N. Engl. J. Med.* 329:1196-9.

Moher, D.; Schulz, K. F.; Altman, D., for the CONSORT Group. 2001. The CONSORT statement: Revised recommendation for improving the quality of reports of parallel-group randomized trials. *JAMA* 285: 1987-91.

Morell, C. J.; Walters, S. J.; Dixon, S.; Collins, K. A.; Brereton, L. L. M.; Peters, J.; *et al*. 1998. Cost effectiveness of community leg ulcer clinics: Randomised controlled trial. *BMJ* 316:1487-91.

Mosteller, F. 1992. Writing about numbers, p. 378. In Bailar J. C. and Mosteller, F., editors. *Medical uses of statistics*. 2nd ed. Boston: NEJM Books.

Murray, G. D. 1991. Statistical aspects of research methodology. *Br. J. Surg.* 78:777-81.

Naylor, A. S. 2005. Differential effects of voluntary running on hippocampal plasticity in the adult rat brain. (Dissertation.) Göteborg, Sweden: The Sahlgrenska Academy at Göteborg University.

Os, J. van; Neeleman, J. 1994. Caring for mentally ill people. *BMJ* 309: 1218-21.

Pitnick, S.; Spicer, G. S.; Markow, T. A. 1995. How long is a giant sperm? *Nature* 375:109.

Publications Committee for the Trial of ORG 10172 in Acute Stroke Treatment (TOAST) Investigators. 1998. Low molecular weight heparinoid ORG 10172 (danaparoid) and outcome after acute ischemic stroke. *JAMA* 279:1265-72.

Quesada, M.; Bollman, K.; Stephenson, A. G. 1995. Leaf damage decreases pollen production and hinders pollen performance in *Cucurbita texana*. *Ecology* 76:437-43.

Raio, L.; Ghezzi, F.; Di Naro, E.; Gomez, R.; Lüscher, K. P. 1997. Duration of pregnancy after carbon dioxide laser conization of the cervix: Influence of cone height. *Obstet. Gynecol.* 90:978-82.

Reed, D. M. 1990. The paradox of high risk of stroke in populations with low risk of coronary heart disease. *Am. J. Epidemiol.* 131:579-88.

Ridley, M. 2003. What makes you who you are. *Newsweek*, June 2, 50-7.

Rothwell, P. M. 1995. Can overall results of clinical trials be applied to all patients? *The Lancet* 345:1616-19.

Samuelsson, S.; Sjövall, A. 1973. Komplikationer och komplikationsprofylax vid gynekologisk laparoskopi. [Complications and prophylaxis in gynaecological laparoscopy.] (In Swedish with English abstract.) *Läkartidningen* 70:2570-4.

Sarna, S.; Kivioja, A. 1995. Blunt rupture of the diaphragm. *Ann. Chir. Gynecol.* 84:261-5.

Scientific Style and Format. 1994. *See* Council of Biology Editors' Style Manual Committee.

Spiers, A. S. D. 1984. Transatlantic medical English. *The Lancet* ii:1451-3.

Stockdale, T. 2000. Contaminated material caused Creutzfeldt-Jacob disease (CJD) in some undersized children who were treated with growth hormone (GH). *Nutr. Health.* 14:141-2.

Strunk, W., Jr.; White, E. B. 2000. *The Elements of Style*. 4th edn. Boston: Allyn & Bacon.

Sumner, D. 1992. Lies, damned lies – or statistics? *J. Hypertens* 10:3-8.

SUN, Xiao-Lin; ZHOU, Jing. 2002. English versions of Chinese authors' names in biomedical journals. Observations and recommendations. *Science Editor* 25:3-4.

Sundby, J.; Schei, B. 1996. Infertility and subfertility in Norwegian women aged 40-42. Prevalence and risk factors. *Acta Obstet. Gynecol. Scand.* 75:832-7.

Synnergren, O. 2005. Time-resolved X-ray diffraction studies of phonons and phase transitions. (Dissertation.) Malmö, Sweden: Universities of Lund.

Thalidomide UK. 2006. www.thalidomideuk.com (accessed 27 July 2006).

The ACS Style Manual. 2002. *A Manual for Authors and Editors.* 2nd edn. Edited by Janet S. Dodd. Washington, DC: American Chemical Society.

Theander, E. 2005. Living and dying with primary Sjögren's syndrome. Studies on aetiology, treatment, lymphoma, survival and predictors. (Dissertation.) Malmö, Sweden: University of Lund.

Tjio, Joe Hin; Levan, A. 1956. The chromosome number of man. *Hereditas* 46:1-6.

Toogood, J. H. 1980. What do we mean by "usually"? *The Lancet* i:1094.

Tønnes-Pedersen, A.; Lidegaard, Ø.; Kreiner, S.; Ottesen, B. 1997. Hormone replacement therapy and risk of non-fatal stroke. *The Lancet* 350:1277-83.

Truss, L. 2003. *Eats, Shoots & Leaves. The Zero Tolerance Approach to Punctuation.* London: Profile Books.

Tufte, E. R. 1983. *The Visual Display of Quantitative Information.* Cheshire, CT: Graphics Press.

Van Loon, A. J. 1997. Making it easier to trace articles in scientific and technical periodicals: The importance of the first page. *European*

Science Editing 23:9-12.

Vancouver Document. 2002. *Uniform Requirements for Manuscripts Submitted to Biomedical Journals*. www.icmje.org (accessed 20 January 2002).

Vane, J. R. 1971. Inhibition of prostaglandin synthesis as a mechanism of action of aspirinlike drugs. *Nature* 231:232-5.

Waldron, H. A. 1995. English as she is wrote. *The Lancet* 346:1567-8.

Wallengren, J. 1998. Brachioradial pruritus. A recurrent solar dermopathy. *J. Am. Acad. Dermatol.* 39:803-6.

Watson, J. D.; Crick, F. H. C. 1953. Molecular structure of nucleic acids. A structure for deoxyribose nucleic acid. *Nature* 171:737-8.

Welch, W. J.; Peng, B.; Takeuchi, K.; Abe, K.; Wilcox, C. S. 1997. Salt loading enhances rat renal TxA_2/PGH_2 receptor expression and TGF response to U-46,619. *Am. J. Physiol.* 273 (*Renal Physiol.* 42): F976-F983.

White, J. V. 1988. *Graphic Design for the Electronic Age. The Manual for Traditional and Desktop Publishing*, p. 201. New York: Watson-Guptill.

Woods, J. 1967. Oral contraceptives and hypertension. *The Lancet* 2:653-4.

Xu, ZhaoRan; Nicolson, D. H. 1992. Don't abbreviate Chinese names. *Taxon* 41:499-504.